布拉格

自助超簡單

彭欣喬 文·攝影

造訪黃金小巷、尋覓卡夫卡的蹤跡，漫步老城廣場、一睹天文鐘的精緻工藝，穿梭布拉格，盡享巴洛克風情！

Contents

作者序 布拉格／捷克，讓人流連的風景！   **4**

Part 1　認識布拉格   **6**

基本概念   **8**

行前準備   **18**

網路資訊   **22**

Part 2　安排住宿   **24**

住宿類型介紹   **26**

如何選擇住宿   **30**

如何預定住宿   **34**

Part 3　往返機場   **42**

從臺灣機場出境   **44**

抵達布拉格   **48**

瓦茨拉夫・哈維爾機場   **50**

從機場前往布拉格市區   **54**

從布拉格市區前往機場   **57**

從布拉格機場出境   **59**

搭乘火車前往布拉格   **63**

Part 4　市區交通   **66**

認識布拉格交通   **68**

地鐵   **71**

電車   **73**

好用的交通票券   **78**

如何購票與驗票   **81**

Part 5　遊玩布拉格   **84**

城堡區   **86**

小城區   **94**

舊城區　　　　　　　　　　　　　100
高堡區　　　　　　　　　　　　　114
新城區　　　　　　　　　　　　　119

Part 6　延伸旅程　　　　　　　124
卡洛維瓦利　　　　　　　　　　　126
瑪莉安斯凱　　　　　　　　　　　132
庫塔那‧霍拉　　　　　　　　　　136
巴德傑維契　　　　　　　　　　　142
庫倫諾夫　　　　　　　　　　　　147

Part 7　享樂布拉格　　　　　　154
美食　　　　　　　　　　　　　　156
購物　　　　　　　　　　　　　　161

Part 8　生活便利通　　　　　　166
實用資訊　　　　　　　　　　　　168
緊急應變　　　　　　　　　　　　171
簡單捷克語　　　　　　　　　　　172

布拉格／捷克，
讓人流連的風景！

　　自 2011 年 1 月開始，申根公約國對臺灣短期觀光遊客提供了免簽證的優惠，使得前往歐洲旅行變得更加容易。而捷克在 2007 年 12 月 21 日加入申根公約會員國，也因此讓一向熱愛前往捷克旅遊的國人，更有了前往當地的誘因與動力。

　　說起我和捷克結緣至少也有 10 年的時間，當時在法國求學的我，每逢親朋好友前來歐洲，只要時間足夠，總會陪大家去捷克一趟。那時捷克和臺灣的關係不錯，只需要拿臺灣護照即可申請簽證，甚至不需要多準備其他什麼文件。也因為兩年內去了好幾次，某次我還曾經被當地的辦事人員詢問：「這次去的時間比較短嗎？」

　　後來回到臺灣，因為工作的關係也去了捷克幾次，在申根簽證的年代，需要準備的文件突然多了起來，不過捷克仍是捷克，漂亮依舊、浪漫滿點，唯獨遊客一年比一年多。觀光業的盛行有好有壞，儘管商業氣息日趨濃厚，不過優點是各種語言的資訊越來越多，可用英文溝通的旅遊中心和店家、隨處可得的詳細地圖……，自然對遊客來說越來越便利，因此在當地自助旅行並不困難，也誕生了《布拉格自助超簡單》這本書。

　　許多人對自助旅行有著未知的恐懼，他們總是擔心自己的語言能力不佳，事實上語言只是一種溝通的工具，語法正不正確並不是最重要的一點，有時只用簡單的單字輔助肢體語言，也能達到表達的能力。當然不能全盤了解對方語意，或是因為不認識當地語言，

多少會增加旅行的困難度或挫折感,不過只要出發之前做足功課,在當地旅行時也能夠以更有彈性的態度面對突發的狀況或事情,都能讓旅程更加圓滿。

　　由於坊間旅遊出版品的盛行以及網路資訊的取得容易,所以本書鎖定的內容主要在於告知自助旅行的 know-how。此外,為了讓讀者在旅行時隨身攜帶不會感覺過於笨重,因此本書針對旅遊景點只提供基本的介紹,畢竟每位讀者感興趣的方向不同,相信對內文某些特定部分有興趣的人,可以從本書資訊欄中尋找相關網站或訊息,或者也可以上網搜尋,為自己打造一段獨特的旅程!

　　捷克有多美?相信你已經從許多部電影中窺見一二,而看完了以上這些,你還在遲疑是否要出發嗎?可別說我沒有告訴你,因為免簽證的緣故,還有比起歐洲其他熱門旅遊勝地相對較便宜的物價,已經讓捷克每年湧入更多的人潮。連我都因為免簽證的原因,打算盡快抽時間再去一趟了。

　　最後告訴你一個關於自助旅行的首要祕訣──去就對了!

彭欣喬

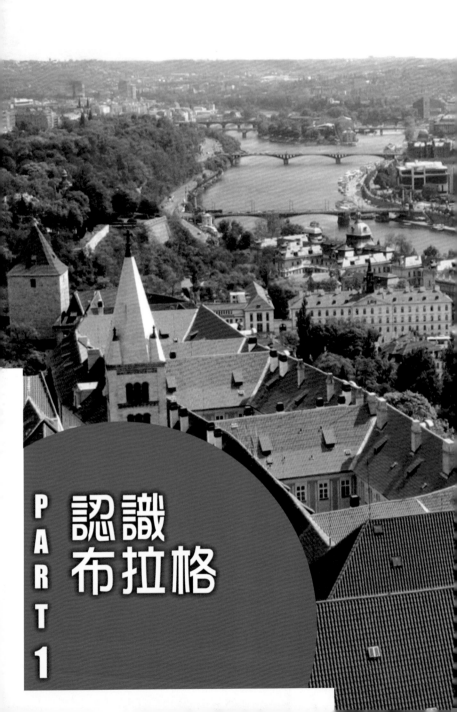

PART 1

認識
布拉格

1 網路資訊

2 行前準備

3 基本概念

基本概念

歷史

　　位於波西米亞地區的布拉格，是捷克共和國（Česká Republika）的首都和最大城市，早在舊石器時代已有人煙，根據可靠的史料顯示，這片建築於河流淺灘的村落，在西元前 5 世紀左右，出現了第一支有著正式名號的民族。當時一群名為波伊（Boii）的凱爾特人，將此地命名為波西米亞，同時賦予流經此地的河流流傳至今的名稱──伏爾塔瓦河（Vltava）。

　　今日的布拉格於西元 5 世紀時逐漸有了城市的規模，一個世紀後，來自西側的斯拉夫民族在此定居，從此衍生捷克民族的世世代代。雖然發跡的早，布拉格卻一直到西元 9 世紀末才成為波西米亞的中心，據說當時聰慧的統治者莉布絲公主（Libusin），不但慧眼獨具的挑中一位出身卑微的農夫為夫君，共同創立普傑米斯立（Přemyslid）王朝，更預言了布拉格城堡的創立及布拉格日後的榮耀。

　　普傑米斯立家族統治布拉格直到 14 世紀，期間不但將基督教帶進捷克、興建布拉格城堡和查理大橋，同時也創立了查理大學，是歐洲最古老的大學之一。身兼波西米亞國王和盧森堡王朝皇帝的查理四世，1355 年於羅馬加冕為神聖羅馬帝國皇帝後，決心將帝國首都布拉格興建成世界上最漂亮的城市，於是一幢幢宏偉的哥德式建築拔地而起，布拉格躍居當時的歐洲第三大城，繁華昌盛之景可見一斑。

　　然而好景不常，查理大學校長胡斯（Jan Hus）大力推動宗教改革思想，在他被以異端分子處死後，反而激起更多民怨，1419 年的第一次「拋窗事件」引發胡斯戰爭，紛亂的情況一直延續到 1434 年。16 世紀時，波西米亞成為哈布斯伯格家族的領地，魯道夫二世曾為布拉格帶來另一個輝煌年代。

除了藝術、天文等各方面的發展，這位在宗教上採取開放政策的君主，統治期間內吸引了無數德國新教徒移居，沒想到卻在 1618 年時，引發讓布拉格從此陷入困境的「三十年戰爭」。

1689 年布拉格發生一場大火，卻也有了重建的新生。在哈布斯伯格家族的統治下，布拉格於 18 世紀發展成為一座工業城，活絡的經濟帶來繁榮，商人和貴族紛紛斥資興建巴洛克豪宅和府邸，為今日的「百塔之城」奠定完美的基礎。

不過就和許多歐洲城市一樣，布拉格同樣沒有躲過二次大戰帶來的摧殘，儘管城市大部分景觀未受破壞，然而納粹的高壓統治與屠殺，引發了 1945 年的「布拉格起義」。在蘇聯軍隊的介入下，布拉格雖從德國人手中獲得解放，卻也成為共產黨的禁臠。

從 1968 年的「布拉格之春」，到 1989 年的「絲絨革命」，捷克斯洛伐克（Československo）終於脫離共產黨的統治。1993 年捷克與斯洛伐克和平分裂後獨立，布拉格依舊身為捷克共和國的首都。如今這座濃縮了哥德、文藝復興、巴洛克、洛可可和新藝術風格的城市，早已成為歐洲最受歡迎且最迷人的旅遊目的地之一。

捷克全圖

地理

　　位於中歐內陸國捷克的中西部，布拉格猶如歐洲的核心，與四周鄰國間的重要城市，像是維也納和慕尼黑等，距離不過都在 300 公里以內，和德國、奧地利和波蘭的國界，最多也只有 170 公里之遙，因而在歷史發展上深受鄰國的影響，形成密不可分的關係。

　　這座在伏爾塔瓦河畔的城市，隨著城堡的建築而興起於 9 世紀，境內區塊逐漸發展合併，今日的布拉格市區面積約為 497 平方公里，如果加上延伸的近郊，則廣達 6,977 平方公里。布拉格人口將近 120 萬人，主要分為城堡區、小城區、舊城區、猶太區、高堡區和新城區等六大區塊，其中又以布拉格城堡、查理大橋和舊城廣場最為精華，是所有遊客絕對不能錯過的星級景點。

　　走逛布拉格的同時，除了可以欣賞各時期的建築風華、品味濃厚的藝術氣息，錯落於巷弄間的商店與餐廳，更是享受愉悅生活的好去處，整座城市猶如熱鬧的藝術市集，這也是布拉格之所以迷人的原因。

氣候

坐落在山脈與森林環繞的波西米亞地區，布拉格屬於四季分明的溫帶大陸性氣候，儘管夏季溫度可能會高達 30℃以上，但由於氣候比較乾燥，所以對國人來說依舊顯得相當舒適。不過到了冬天，特別是平均氣溫低至 0℃以下的酷寒溫度，對國人來說則是一大挑戰，尤其可能會發生積雪的情況，因此想前往布拉格旅行的人最好避開這個季節。

3～5月，7～13℃

3 月時序進入春季，不過布拉格的氣候依舊日夜溫差大，特別是 3～4 月中仍然寒冷，所以前往該地建議攜帶厚外套防寒，幸好雨量不多，隨身帶把小傘就可以了。4 月中以後逐漸變得溫暖，此時當地也進入旅遊旺季，特別是在 5 月之後，將會有越來越多的遊客湧入。

6～8月，11～23℃

6～8 月是布拉格的旅遊旺季，不過此時的降雨機率也比較高，陽光雖不過於炙熱，但是光線較強，最好隨身攜帶帽子、太陽眼鏡等防曬工具。由於正值暑假期間，再加上音樂節等大型節日或活動紛紛登場，因此來自各地的遊客使得當地消費高漲，優點是白晝時間較長，相對也多出許多觀光時間。

9～11月，8～13℃

9 月挾著夏季的餘威，雖然氣溫稍降，但溫和的氣候仍屬舒適，再加上夏天擁擠的人潮逐漸散去，相當適合旅遊。10 月之後布拉格的氣溫開始大幅下降，特別是到了 11 月時更有下雪的可能，因此前往布拉格除了防寒衣物不可少，可能還得準備止滑的鞋子。

12 ～ 2 月，1 ～ 2℃

　　冬天的布拉格對於習慣亞洲溫暖氣候的東方人來說，可能會是一大考驗，此時氣溫不但經常在 0℃ 左右徘徊，甚至長期處於 0℃ 以下的情況也很常見，有時整座城市籠罩於白雪之下，很難辨認出建築物的外貌。不過對於想要感受銀色聖誕或是異國過年氣氛的人來說，這個時節的布拉格相當有味道，前提是必須做好適當的防寒措施。

語言

　　捷克語（čeština）是捷克的官方語言，屬於斯拉夫語系中的一支，由拉丁字母組成。由於許多字母並不等同英文字母，此外有些單字看似沒有母音的排列，對於不懂捷克語的人來說更造成辨識上的困難。

　　不過隨著觀光客的日益增多，在布拉格的觀光景點普遍可用英語溝通。此外，因為位於歐陸的關係，德語、法語、義大利語和西班牙語的接受度可能比英語還高，許多餐廳設有多國語言的菜單，熱門景點也有多國語言導覽或指南。

時差

　　布拉格／捷克的時間比臺灣晚 7 小時。3 月的最後一個週日～ 10 月的最後一個週六採取夏令日光節約時間，此時比臺灣晚 6 小時。
冬令時間：布拉格／捷克時間＋ 7 小時＝臺灣時間
　　　　　臺灣時間－ 7 小時＝布拉格／捷克時間
夏令時間：布拉格／捷克時間＋ 6 小時＝臺灣時間
　　　　　臺灣時間－ 6 小時＝布拉格／捷克時間

貨幣

　　捷克雖在 2004 年正式成為歐盟的會員國，並於 2007 年 12 月 21 日成為申根公約會員國，不過目前尚未加入歐元會員國，因此仍繼續採用當地的傳統貨幣——捷克克朗（Koruna，CZK）。克朗分為紙鈔和硬幣，紙鈔有 20、50、100、200、500、1,000、2,000 和 5,000 CZK 等 8 種面額；至於硬幣則分為 1、2、5、10、20、50 CZK。

匯率

在臺灣無法直接兌換捷克克朗，於捷克當地也不能以臺幣兌換，因此大部分的旅客會選擇先在臺灣兌換歐元或美金，到了當地再以上述貨幣兌換克朗。期間經過兩次匯兌手續，因此也必須支付兩次匯差和手續費，相對比較吃虧。

不過布拉格當地的提款機可提供跨國提款服務，因此只要選擇有 Circus 或 PLUS 標誌的提款機，大多可直接以國際現金卡提取捷克克朗，前提是同樣必須支付一筆手續費。旅行支票可在當地的貨幣兌換處兌換現金，不過大部分的店家並不接受旅行支票。

1 捷克克朗＝ 1.365 臺幣

1 臺幣＝ 0.733 捷克克朗

航空公司

目前沒有航空公司提供臺灣直飛布拉格的班機，必須經由第三地轉機後抵達布拉格，轉機地點通常視航空公司的國籍而異，以中華航空和荷蘭航空為例，必須先在阿姆斯特丹轉機，大韓航空和阿聯酋航空則分別在仁川和杜拜轉機，中國籍的航空公司通常在上海轉機，土耳其航空和英國航則必須轉機兩次。

各家航空公司的網站與訂位電話：

■ **中華航空**

網址：http://www.china-airlines.com/

電話：（02）2715-1212

■ **荷蘭航空**

網址：https://www.klm.com/home/tw/tw

電話：（02）7707-4701

■ **大韓航空**

網址：https://www.koreanair.com/global/zh_hk.html

電話：（02）2518-2200

■ **阿聯酋航空**

網址：https://www.emirates.com/tw/chinese/

電話：（02）7745-0420

■ **土耳其航空**

網址：http://www.turkishairlines.com/en-int/

電話：（02）2718-0849

■ **英國航空**

網址：https://www.britishairways.com/travel/home/public/en_tw

電話：（02）8793-3300

（Nina 提供）

電壓和插座

捷克的電壓是 220 伏特，插頭型式為「雙腳圓型」或「雙腳圓型加接地孔」兩種，如果是臺灣或日本的電器，除了轉接插頭，可能還需要準備變壓器（視電器產品的額定電壓而異）。

插座

插頭型式

轉接插頭

國定假日

1 月 1 日	New Year's Day Restoration Day of the Independent Czech State	元旦 國家獨立日
日期不定	Good Friday	耶穌受難日
日期不定	Easter Monday	復活節週一
5 月 1 日	Labour Day	國際勞動節
5 月 8 日	Liberation Day	解放紀念日
7 月 5 日	Saints Cyril and Methodius Day	東正教傳入捷克紀念日
7 月 6 日	Jan Hus Day	胡斯紀念日
9 月 28 日	St. Wenceslas Day（Czech Statehood Day）	聖瓦茨拉夫節
10 月 28 日	Independent Czechoslovak State Day	捷克斯洛伐克國家獨立日
11 月 17 日	Struggle for Freedom and Democracy Day	爭取自由和民主紀念日
12 月 24 日	Christmas Eve	聖誕夜
12 月 25 日	Christmas Day	聖誕節
12 月 26 日	St. Stephen's Day	節禮日

治安

布拉格並不是一個特別危險的城市，不過隨著觀光客的日益增多，以及中歐的逐漸開放，使得治安問題多少有惡化的傾向。曾發生以下案例，像是不法分子偽裝成便衣警察，要求遊客出示護照及現金，接著以誣賴遊客進行黑市匯兌的理由沒收護照和現金，或直接趁機偷取現金等。需注意的是布拉格的警察大多穿著制服，且不會隨意盤問遊客；此外，當地也沒有所謂黑市匯兌的限制。

另外，在旅遊途中不要隨便相信陌生人，也盡量避免搭乘夜車或夜間前往危險的區域，減少受害機率。

如果真的不幸遇害，一定得到警察局報案，以取得補發護照和其他相關文件的證明，也可以透過駐捷克的臺北經濟文化代表處（Taipei Economic and Cultural Office, Prague, Czech Republic）尋求幫助。

駐捷克臺北經濟文化代表處
◎網址：http://www.roc-taiwan.org/cz/
◎地址：Evropska 2590/33C, 160 00 Praha 6, Czech Republic
◎電話：（420）233-320-606
◎傳真：（420）233-326-906
◎電子郵件：tecoprag@gmail.cz
◎急難救助電話：（420）603-166-707
　急難救助電話專供車禍、搶劫、有關生命安危等緊急情況求助之用，非急難重大事件，請勿撥打。

捷克緊急連絡電話
警察：158　急救：155　消防：150

布拉格全區圖

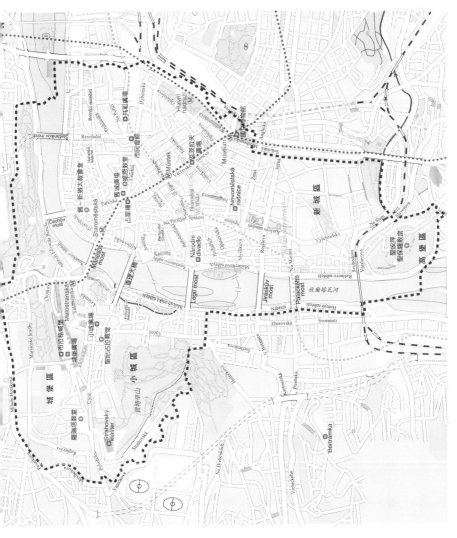

行前準備

護照

前往布拉格旅行之前，除了必須申辦當地簽證外，也別忘了檢查自己護照的有效期限，若效期已過或有效期限距離出發日未滿 6 個月者，必須重新申請護照。至於第一次出國的人，申請護照當然是出國計畫中必須進行的第一要務。

申請護照必須前往外交部辦理，不過也可以委託親友或是旅行社代為辦理，通常旅行社會酌收一筆代辦費用。

申請護照所需基本文件：

■ 身分證正本
■ 兩吋白底彩色照片 2 張
■ 申請書一份

申請護照須備其他文件：

■ 未滿 20 歲者須附父母或監護人身分證正本
■ 16 ～ 36 歲男性須附相關兵役證件
■ 申請更新護照者須附舊護照
■ 遺失補發護照者須附國內遺失作廢申報表正本

護照規費：每本 1300 元，但 14 歲以下、及尚未服役以致於護照效期縮減者，
則為 900 元。

工作天：一般件 4 天，遺失補發 5 天，急件另加收快速件處理費，每提前
一天加收 300 元，最快可隔天領取。

外交部領事事務局
◎網址：http://www.boca.gov.tw/mp?mp=1
◎地址：臺北市濟南路一段 2-2 號 3 ～ 5F
◎電話：（02）2343-2888
◎受理時間：週一～五，09:30 ～ 11:30，13:30 ～ 16:30

捷克簽證

　　捷克在 2007 年 12 月 21 日加入申根公約會員國，而申根公約國於 2011
年 1 月 11 日開始，針對前往法國、西班牙、義大利、德國、奧地利、匈牙利、
捷克等 36 個國家的臺灣遊客，提供短期觀光免簽證的優惠。臺灣遊客只需
持有效護照，即可進出申根公約國，期限為 6 個月內最多可停留 90 天的時
間。值得注意的是，儘管國人可以免簽證方式進入申根公約國，不過卻不
代表可以無條件的方式進入，入境申根國可要求臺灣遊客提供相關文件以
供查驗。此外，原本辦理申根簽證要求具備的旅遊醫療保險，雖然目前並
未列入入境的必備條件之一，但如果投保能為自己提供一項保障和有力證
明。

捷克經濟文化辦事處（Czech Economic and Cultural Office Taipei）
◎網址：http://www.mzv.cz/taipei
◎地址：臺北市基隆路一段 200 號 7 樓
◎電話：（02）2722-5100
◎傳真：（02）2722-1270
◎電子郵件：Taipei_Ceco@mzv.cz（一般事務查詢）
　　　　　　taipei_consul@mzv.cz（領事事務查詢）
◎工作時間：週一～五，09:30 ～ 12:00，13:30 ～ 16:30

辦理申根簽證所需基本文件
■ 有效護照（預計離開申根區時最少還有 3 個月的效期）
■ 來回航班訂位紀錄或機票
■ 英文行程表
■ 當地旅館訂房紀錄或當地親友邀請函
■ 英文存款證明或其他財力證明
■ 公司名片或英文在職證明

旅行預算

　　比起法國、義大利、奧地利等其他的申根國家來說，尚未加入歐元會員國的捷克，相形之下物價較低，消費也較沒壓力。

　　不過近年來以旅遊業為發展主軸的布拉格，因為深受世界各地遊客的熱愛，使得身價不斷水漲船高。在某些觀光地區，許多高消費的餐廳和飯店也如雨後春筍般出現，特別是旅遊旺季時，旅館的價格相對提高不少。

　　然而前往捷克或布拉格旅行，依舊還是歐洲國家中比較輕鬆的地方，在住宿的方面有不少旅館和民宿可供選擇；交通上除了遠距離的旅程需要借助火車之外，往來於布拉格市區之間，通常只需要搭乘電車和地鐵、外加步行的方式即可暢行無阻；至於一日三餐，如果選擇咖啡館或當地的啤酒屋，通常消費也不會太高，因此每個人一日的旅費預算，大約可控制在臺幣 1,800 ～ 2,500 元左右。

行李檢查表

隨身行李

☐ 護照

☐ 機票或電子機票憑證

☐ 現金

☐ 信用卡和國際提款卡

☐ 海外急難救助保險卡或出國前加保的旅遊平安險

☐ 護照影本和兩吋照片數張（與護照分開存放）

☐ 筆記本和筆

☐ 數位相機

☐ 訂房資料

☐ 旅行相關資料和書籍

☐ 太陽眼鏡、帽子和防曬乳等

託運行李

☐ 個人盥洗用具

☐ 保養品和化妝品（特別是護唇膏和身體乳液）

☐ 女性生理用品

☐ 個人換洗衣物

☐ 貼身衣物

☐ 通訊錄、緊急連絡人與電話等資料

☐ 數位相機和其他電子產品的充電器

☐ 雨傘或雨衣

☐ 禦寒外套和圍巾

☐ 防滑鞋

☐ 指甲刀、針線包

☐ 鬧鐘或具相關功能的手機

☐ 摺疊式購物袋

☐ 常備藥物（感冒藥、止痛藥和腸胃藥等）

☐ 計算機

網路資訊

捷克旅遊局

　　捷克共和國政府設立的官方網站，提供全國全方位的資訊，除按照旅遊族群分門別類提供不同主題之旅外，並將國內所有景點依類型加以區分，同時提供住宿、購物、飲食等各項資訊，是所有前往捷克旅行者上網搜尋的第一站。

網址：http://www.czechtourism.com/home/（英文、簡體中文）

Prague.eu / The Official Tourist Website for Prague

這個網站歷史悠久，長期致力於推廣布拉格的文化活動，除了網站上提供布拉格各項旅遊資訊外，還在舊城設置服務中心，方便遊客諮詢。此外，更出版《Summary of Cultural Events in Prague》月刊，該單位也提供訂房和導遊服務。

網址：http://www.prague.eu/en（英文）

Prague Experience

創立超過 10 年的 Prague Experience，是一家英國旅遊公司的子公司，提供詳細的布拉格旅遊資訊。除食衣住行外，還不時更新最新的展覽、活動等旅遊資訊，同時提供各類訂房、訂票、預約交通工具等服務。

網址：https://www.pragueexperience.com/（英文）

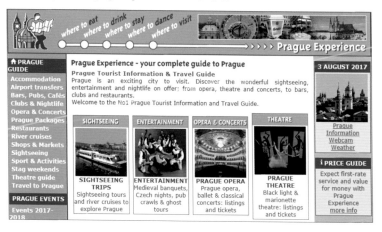

PART 2

安排住宿

3 如何預訂住宿

2 如何選擇住宿

1 住宿類型介紹

住宿類型介紹

古宅飯店和頂級飯店

歷史悠久的布拉格，整座城市由各個時期的建築架構而成，從哥德、文藝復興、巴洛克、洛可可、新古典到新藝術主義一應俱全。這些城市風華的見證者，不但有許多保存了下來，還搖身一變成為高級飯店。

位於共和廣場（Náměstí Republiky）的巴黎飯店（Hotel Paříž），新文藝復興風格的外觀興建於 1904 年，建築本身屬於國家文化財產，嶄新的內部裝潢，除現代化設備外，還設置健身房、水療等設施；另一座位於 Můstek 的 Hotel Palace Praha，和前者年代、風格相近，同屬頂級飯店，更是許多名人的最愛。

隨著觀光的發展，許多世界知名的連鎖飯店集團也紛紛前往布拉格開設頂級飯店，除了 Best Western Savoy、Four Seasons、Radisson、Marriott 等，其他像是 Le Palais Art Hotel Prague、Boscolo Prague、Esplanade Hotel Prague、Pachtuv Palace、Corinthia Hotel Prague……，都是當地相當高級的 5 星級飯店。這些飯店透過訂房網站的優惠房價，每晚約臺幣 6,000 元起跳，最貴可能高達上萬元，價格起伏視淡旺季而異。

除了布拉格，捷克許多知名古城也擁有不少高知名度的古宅飯店，像是卡洛維瓦利（Karlovy Vary）的普普大飯店（Grandhotel Pupp），創立於1701年，是當地歷史最悠久的飯店，還曾經接待過莫札特父子。庫倫諾夫（Český Krumlov）的 Růže Hotel，前身是 16 世紀的修道院，洋溢著奢華的文藝復興和巴洛克風情。

3～4 星級飯店

這類中上等級的飯店，在布拉格數量非常多，房價通常視飯店的設施新舊及位置而異。以 4 星級飯店來說，價位大約是每晚臺幣 3,000～6,000 元之間；至於 3 星級飯店則在臺幣2,000～5,000 元之間，淡季時透過訂房網站或旅行社，或許可以拿到相當優惠的價格。

普遍來說，3～4 星級飯店的客房內均配備有電視、電話、小型冰箱和保險箱等現代化設備。不過 3 星級飯店通常沒有健身房和游泳池等設施，附設的餐廳也經常只有一間，但房間簡單

舒適且功能齊全，像是 Aparthouse U Zlaté podkovy 就很有家庭的溫馨感覺，位於火車站附近的 Monica Hotel，擁有一座漂亮的露天游泳池。

近年來精品旅館的風潮也吹向布拉格，不少充滿設計感的飯店紛紛出現，不過這類精品旅館的房間數目通常不多，因此經常被列為 4 星級飯店，像是 Buddha-Bar Hotel Prague、Royal Court Hotel 和 Hotel Antik 等。精品旅館的房價有時落差很大，每晚約在臺幣 3,000 ～ 5,000 元左右，也有可能突破萬元。

通常 3 星級以上的飯店都可透過網路訂房，即使飯店本身沒有提供這項服務，也能經由旅行社或訂房網站預訂，此外，旅行社或訂房網站通常能取得較優惠的價格。

民宿或家庭旅館

想要體驗當地人的生活，最好的方式當然是入住民宿或家庭旅館。這類住宿通常相對便宜，每晚房價大約在臺幣 1,000 ～ 2,500 元之間，淡季時甚至可能低於 1,000 元。不過無論是民宿或家庭旅館，可能會遇到須與其他人共用衛浴的情形；而某些民宿每個房間或許可住 2 ～ 4 人，因此有時須與他人共用房間。與他人共用房間的好處是房價通常相當便宜，只需幾百元臺幣，缺點是可能因為同房者的個人生活習慣不同而受影響，或是有自身安全的考量。

　　基本上家庭旅館大都被歸類為 1 ～ 2 星級，通常房間設備簡單，而且房間數目不多，有些還位於比較遠離市中心的地區。民宿的好壞有時落差很大，有的房間狀況良好，主人也熱情友善，甚至還親手摘院子裡的水果烘派招待房客，但有的房間相較之下卻顯得簡陋。

　　儘管今日布拉格已是世界上最熱門的旅遊城市之一，不過某些民宿或家庭旅館的主人對於英文可能不是那麼在行，因此訂房時最好以傳真或電子郵件等書面方式，確實記載入住與退房日期、人數、房型及確認房價，以免到時產生問題。

　　以下是幾個提供當地民宿、家庭旅館住宿資料與線上訂房服務的網站：

■ **HOTELSPRAGUE.CZ**
　　網址：http://www.hotelsprague.cz/

■ **HOSTELWORLD**
　　網址：http://www.chinese.hostelworld.com/lushe/bulage/jieke

■ **hostelbookers**
　　網址：https://www.hostelbookers.com/

青年旅館

　　對於年輕人或背包客來說，青年旅館是最經濟實惠的住宿選擇。這種通常 4 人為一間（也有通舖）的住宿方式類似學生宿舍，所有的衛浴或公共設施都位於走廊上，必須與其他人共享，不過床位每晚大約臺幣 400 ～ 600 元不等，非常優惠。

　　隨著觀光客的湧入與需求，部分青年旅館也提供附設衛浴的單人房、雙人房和 3 人房，每人分擔的房間價格約在臺幣 800 ～ 1,300 元左右，如果幾位友人結伴同行，會是非常好的選擇。

　　對喜歡交朋友的人來說，青年旅館提供相當友善的管道，不但可以在投宿期間認識來自世界各地的旅人，彼此交換旅途中的資訊，有時甚至能短程結伴旅行。

　　布拉格的青年旅館大多距離市中心不遠或位於交通方便的地方，除了有配備電視的交誼廳，通常提供網路、洗衣、廚房等設備，有些甚至還有網球場、露天電影院、酒吧等，另外，也提供一些像是自行車之旅的布拉格參觀行程。

青年旅館訂房網站

■ TRAVELLERS' HOSTEL

提供布拉格的青年旅館訂房資訊。

網址：http://www.travellers.cz/

■ European Hostel Guide

涵蓋全歐洲的青年旅館訂房網站，捷克部分提供布拉格、庫倫諾夫及 Olomouc 三座城市的青年旅館資訊。

網址：http://www.europeanhostelguide.com/

如何選擇住宿

價位

住宿和機票的費用通常在旅費中占了極高的比例，市面上飛往布拉格的優惠機票價差並不大，因此住宿成為影響旅費多寡的最主要因素。頂級飯店和民宿之間有著天壤之別的價差，你可花上萬元住一晚，也可只以幾百元的價格尋求一處下榻落腳的地方，至於要怎麼挑選適合自己需求的旅館或飯店，全看如何精打細算。

享受更勝金錢數字的預算充裕一族

如果沒有任何預算上的限制，旅行的住宿選擇自然就比一般人還多。在布拉格的舊市區一帶坐落著許多頂級飯店，其中不乏古宅飯店和國際知名5星級連鎖飯店，除了裝潢華麗，舒適、現代化的設備提供旅人日常所需，美景、游泳池、健身中心等，感受布拉格的美好，更是不在話下。

此外，在布拉格近郊的瑪莉安斯凱（Mariánské Lázn）和卡洛維瓦利等著名溫泉區，還有許多提供專業水療服務的高級飯店，遊客下榻於此，身心靈同時得到全方位的滿足。

品質與價格並重的精打細算一族

　　大部分的旅客都有一定的預算，通常不多也不少，大約足以入住一般 3～4 星級左右的飯店。事實上，如果不是特別注重飯店的奢華程度，或大部分的時間都待在飯店裡，不妨選擇一些普通的飯店或家庭旅館，也許沒有額外的設施，但房間通常乾淨舒適，基本設備也大致齊全；此外接待人員也大都和氣友善，有時淡季還有議價空間，更是經濟實惠。

以省錢為最高原則的背包客一族

　　有些年輕人沒有太多的旅遊預算，或是背包客希望以最少的費用展開他們的旅程，另外就是喜歡在外走走逛逛、對於住宿只是睡覺和梳洗場所的人來說，民宿和青年旅館會是很好的選擇。這些地方通常只提供最基本的設備，不過低廉的住宿費用讓旅人有更多的餘裕，從事其他參觀活動、欣賞表演，甚至享用美食等。特別是有些青年旅館還有住七晚送一晚的優惠，超值程度不在話下。

交通便利性

　　儘管有電車和地鐵連結整座城市的動脈，不過在歐洲旅遊，步行通常是穿梭城市間最方便的移動方式之一，在布拉格當然也不例外。

　　一般的觀光客會選擇下榻舊城區，因為此區是布拉格的核心，不乏旅館、商店、餐廳聚集。特別是舊城廣場一帶，從早到晚幾乎都是人潮洶湧，不但解決了食衣住行的問題，同時對前往附近地區參觀也非常方便，可以步行的方式去猶太區，或從查理大橋一路散步到小城區、甚至城堡區。只是位於熱鬧地段，房價自然也會比其他區域來得高，或是價格相近，但房間的設備或狀態卻較差。

　　除了舊城區，還有許多民宿或家庭旅館散落於其他偏遠的區域，不過價格通常較便宜，如果能找到地鐵站或電車站附近的住宿，也相當方便。布拉格當地的交通費用並不算高，還有一日到多日券可不限次數搭乘使用，然而若行李比較多，就得考量自己搬運行李上下地鐵、甚至電車的可能性。另外，像是在小城區這類位於山丘上的區域，起伏的地形對於搬運行李來說恐怕也是一項考驗，所以尋找住宿時，別忘了確認當地的公共交通狀況。

如何預訂住宿

儘管布拉格的大小旅館、飯店無數，不過由於經年遊客如織，因此價格實惠且評價良好的住宿地點很容易客滿，特別是在旺季期間。如果選擇的是房間數目較少的家庭旅館和民宿的話，提早訂房絕對有其必要。

如果不確定住宿地點的實際狀況，是否與網站或書籍的介紹相符，不妨先預訂前一、兩晚的下榻房間，才不至於拖著行李大街小巷尋找，或是得露宿街頭；甚至花了比預算高出許多的費用，結果住在一處並非自己預期的地方。至少有一個暫時安身立命的地方，不滿意還可以再另外尋找。

除了旅行社可以代訂飯店和旅館，在臺灣預訂布拉格住宿最方便的方法就是透過網路，有許多訂房網站提供中文網頁的服務。另外，在布拉格當地也有一些旅館聯盟或組織成立自己的訂房網站，不過網頁大多是英文，有些甚至是捷克文。

一般來說，透過旅行社或訂房網站可以拿到比較優惠的價格，但有些訂房網站必須加入會員，且通常會收取一筆幾塊錢美元的手續費。此外，必須以信用卡做擔保，如果訂房成功卻沒有依約入住，旅客仍須支付第一晚的住宿費用，以賠償業者的損失。

至於 1～2 星級的家庭旅館或民宿，許多可能沒有自己的網頁，也不容易透過一般的訂房網站洽詢，因此需以電話、傳真或電子郵件的方式聯繫。有些旅館的服務人員或許只會簡單的英語，如果讀者對語言不是這麼有把握的話，最好就是透過書面方式接洽，比較不會因誤解而產生爭議，同時日後也留有憑據。

綜合性訂房網站

　　以下是幾家提供中文網頁的訂房網站：

■ **trivago**
　　網址：https://www.trivago.com.tw/（飯店比價網站）

■ **Agoda**
　　網址：https://www.agoda.com/zh-tw/

■ **Booking.com**
　　網址：https://www.booking.com/

■ **Hotels.com**
　　網址：https://tw.hotels.com/

　　通曉英文的人，也可以利用捷克旅遊局推薦的訂房網站：

■ **CZECHhotels.cz**
　　網址：http://www.czechhotels.cz/

■ **Hotel.cz**
　　網址：https://www.hotel.cz/accommodation/

網上訂房步驟

　　宜必思（ibis）屬於大型連鎖飯店集團 Accor Hotels 的一員，在全球各地擁有 1800 間飯店，提供價格合理且舒適的入住環境。旗下飯店通常是 3 星級左右的中價位飯店，在大城市中或許不只一間飯店可供選擇，有的位於鬧區，有的則較偏僻，在價格上的差異也大，不過飯店水準一致。此外，該集團還有商務卡，提供積點和其他優惠服務，可代訂下一個目的地的宜必思飯店。以下就以宜必思為例，示範如何在網上訂房：

Step 1 選擇語言和目的地

進入宜必思的主頁（http://www.ibis.com/gb/asia/index.shtml）後，先選擇英文或簡體中文的語言介面，在中央的「酒店搜尋」處輸入「布拉格」和「到達」、「出發」的日期，以及房間數目和人數等條件，最後按「搜索」。

Step 2 選擇區域和飯店

分別點選進入各飯店的介紹網頁，閱讀其詳細資訊、區域地圖及飯店特色，然後挑選出自己屬意的飯店，並按下「預訂」。如果想要更改住宿日期或其他條件，可以在頁面最上方的區域重新輸入相關資訊，再次按下「搜索」。

Step 3 確認資訊和房型

詳細閱讀客房介紹，並確定房型符合自己的需求，如果不想加入會員，按下紅色的「預訂……」，如果想加入會員享有9折優惠，則按下橘色的「預訂」。

Step 4 挑選其他附加服務

你可以選擇是否另外付費加購「自助早餐」、「提早入住」或「延後退房」等服務。一旦你添加任何一項,費用會直接加總在右側的「最終價格」中,確認無誤後,按下「預訂」。

您的详细联系信息

称谓*

- ⌄

姓氏*

名字*

国家*

国籍*

- ⌄

- ⌄

手机*

- ⌄

电子邮件 *

预订确认电子邮件将发送到所提供的电邮地址

What is the reason for your stay?

◉ Leisure

◉ Business

☑ 我想创建一个帐户以查找我所有的预订并个性化我的住宿。(个人资料使用条款)

密码 *

确认密码 *

您的密码必须包含至少 6 个字符，其中至少有一个数字字符和一个字母字符。

☑ 我愿意注册成为 Le Club AccorHotels 会员，并同意新客户款项条件

⏱ 优先享受全球独家特惠

💻 Online check-in

🏨 客房升级 从金卡会员级别起，视频结账后客房空房情况而定

🎁 免费傍晚 随心畅享，从 2,000 奖励积分开始

*必填字段

从 2017-10-06 至 2017-10-07 1 晚

⌄ 您的选择　　　　👤 x1

客房，配备 1 张双人床，带全新床上用品
Hot Deals - restrictions ⟩ 详细信息
　　　　　　　　　2537.47 TWD

不含增值税
　　　　　　　　　376.33 TWD

最终价格　　　2913.80 TWD

即　　　　　　　81.53 EUR

无论其来源，所有预订均按酒店凭证式酒店指定的当地货币付款。外币兑换价仅供参考，不具约束力。只有预订时确认的币种可以保证；如果结账后与酒店使用的货种不同，客户将承担任何货币转换费用。

Step 5　留下連絡訊息

　　　輸入各項個人基本資料和連絡方式後，按下最下方的「確認」。
　　　你可以選擇是否創立一個帳號，以便查詢自己的所有預訂資料。

Step 6 線上付款

確認所有訂房資訊和價格無誤後，輸入用於付款的信用卡資訊，完成後按下「確認」。

Step 7 確認預約

此時頁面會出現你的訂房明細，包括日期、房間型態、人數、價格等，表示預約已經完成，之後訂房網站會寄一封確認郵件，裡面有訂房號碼和詳細的資料。你可以將它列印出來，在辦理入住時交給櫃檯人員，當然也可只記下訂房號碼，直接告訴服務人員，不過最好的方式還是把它列印出來，妥善保存到退房為止。

電子郵件 / 傳真訂房格式

Reservation Form

Date:　　　/　　　　/
（日期：日/月/年）

To: _____
（飯店或旅館名稱）

Dear Sir,
I would like to make a reservation, the details is under.
（我想要預訂房間，詳細內容如下。）

Name：Mr/Miss/Mrs. _____
（姓名：先生/小姐/太太）

Arrival Date：_____ / _____ / _____
（抵達日期：日/月/年）

Departure Date：_____ / _____ / _____
（離開日期：日/月/年）

Numbers of Person：_____ Adult _____ Children
（人數：　　　　　　大人　　　　　　小孩）

Type of Room：□ Single　□ Twin　□ Double　□ Triple　□ Suite
（房間類型：　　　單人房　　　雙人房　　　雙人房　　　三人房　　　套房）
　　　　　　　　　　　　　　　　　（一大床）（兩大床）

　　　　　　with　□ Shower　□ Shower＋Toilet
　　　　　　（附設　　淋浴設備　　　淋浴設備和廁所）

Special Requests：_____
（特殊要求）_____

Please let me know if the reservation is no problem or not.
Thank you very much.（請讓我知道訂房是否成功。謝謝）

Please contact to　（請聯絡）
Name：Mr/Miss/Mrs. _____
（姓名：先生/小姐/太太）

Telephone：_____
（電話：＋886-（區域號碼去零）-電話號碼）

Fax：_____
（傳真：＋886-（區域號碼去零）-電話號碼）

E-mail：_____
（電子郵件）

PART 3 往返機場

1 從臺灣機場出境

2 抵達布拉格

3 瓦茨拉夫・哈維爾機場

4 從機場前往布拉格市區

5 從布拉格市區前往機場

6 從布拉格機場出境

7 搭乘火車前往布拉格

（Nina 提供）

從臺灣機場出境

報到與託運行李

　　根據一般航空公司規定，前往櫃檯辦理報到手續至少須在班機起飛前兩個小時。旅客抵達機場大廳時，可透過航班看板查詢辦理登機的航空公司櫃檯號碼，然後持護照和電子機票憑證（或機票）依序辦理報到手續。

　　辦理報到手續時，請自行將大型託運行李放置於輸送帶上過磅，要注意的是只要行李體積大於 56×36×23 公分就須託運，無法隨身攜帶上機。此外，託運行李最好掛上註明英文姓名、住家地址及電話的行李牌，一方面在提領行李時可加以辨識；另一方面若是行李遺失，航空公司也能根據上面的資訊聯絡到持有人。

　　目前由於燃油價格提高，許多航空公司對於託運行李的重量有著嚴格的限制，通常航空公司規定每人可託運 20 公斤的行李，至於超重的部分則必須另外支付費用。

　　辦理報到手續的同時，別忘了向航空公司的人員確認，後段航班是否必須在轉乘點另換登機證。尤其從臺灣前往布拉格，幾乎都得轉換兩段航程，多達三張的登機證，恐怕無法同時在臺灣領取，因此可能得於轉乘的機場再度前往航空公司的櫃檯報到。

　　託運行李的情況也是如此，在臺灣辦理報到手續時，記得向航空公司的人員確認是否直掛到目的地布拉格，還是中途轉乘時必須再聯繫當地機場櫃檯。每件託運行李都有一張行李條，必須妥善保管，直到抵達目的地並領取到行李為止。若行李不幸遺失，該行李條就是你追回行李的最佳憑據了。

桃園國際機場

　　桃園機場分為第一和第二航廈，旅客必須確認自己搭乘的航班所屬的航空公司在哪個航廈，才能前往報到櫃檯辦理登機。不過臺灣目前沒有直飛布拉格的班機，航空公司通常是利用往返臺灣和上海或阿姆斯特丹等地的航班接駁。

各航空公司的報到櫃檯位置
- 第一航廈：中華航空、大韓航空、阿聯酋航空。
- 第二航廈：荷蘭航空、英國航空、土耳其航空。

護照查驗

辦理完報到手續後，旅客攜帶護照和登機證前往查驗櫃檯，依序排隊等候進入證照查驗管制區，證照查驗人員檢查證件的同時，請拿下口罩與帽子以便核對身分，同時禁止接聽或撥打手機。如果在臺灣沒有戶籍的旅客，必須另外填寫一張出境登記表。

安全檢查

完成護照查驗工作，即可進入機場的安全檢查區，這時必須將所有隨身行李放置於輸送帶上進行 X 光檢查，行動電源、平板電腦、硬幣等金屬物品，也必須另外放在置物籃中，通過 X 光檢查。

近年來為預防恐怖攻擊，各國機場紛紛實施新的安全措施。捷克的布拉格國際機場也在 2006 年 11 月 6 日開始，實施歐盟規定的新標準，旅客可隨身攜帶的液態、膠狀及噴霧類物品，須符合以下規定，否則只能放置於託運行李中。

- 隨身攜帶的牙膏、香水和髮膠等，每項物品體積不可超過 100 毫升，並應裝在不超過 1 公升、且可重複密封的透明塑膠袋內。此密封塑膠袋每人僅可攜帶一個，須放在置物籃內通過 X 光檢查。
- 旅客出境或過境途中，在機場管制區或前段航程的班機內購買之物品，可隨身攜帶上機，但必須保持籤封包裝完整，並附有購買地點和日期的有效證明。
- 嬰兒奶粉（乳品）或食品、醫療所需的藥物等，應先向航空公司洽詢，並於安全檢查時向相關人員申報。

等候登機

登機證上通常會標示登機門號碼及登機時間，完成所有的手續後，旅客只需在登機時刻前往登機門登機即可。不過因前往布拉格必須轉機，所以後段航班的登機門號碼未必會在臺灣出發時就能得知，抵達轉機點時，需注意機場內的航班資訊，核對航班號碼和目的地，確認登機門號碼。

Info

桃園國際機場

網址：http://www.taoyuan-airport.com/chinese

■ 第一航廈

B1F 醫療中心、便利商店和餐廳、巴士購票櫃檯

1F 出境大廳：旅客報到櫃檯、旅遊保險服務、外幣兌換、公共電話
入境行李提領大廳：行李提取轉盤、海關檢查檯
接機大廳：觀光服務檯、簡易餐廳、巴士站、電信服務

2F 行政區、餐廳

3F 出境證照查驗大廳：出境證照查驗檯、出境安全檢查、候機室、登機門、免
稅商店
入境證照查驗大廳：入境證照查驗檯、檢疫查驗檯、入出境管理服務檯、外
幣兌換、航警局第二分隊、免稅商店
出境大廳：特色餐廳、伴手禮商店、書店、電信服務、銀行

■ 第二航廈

B2F 銀行、便利商店、餐廳

1F 入境行李提領大廳：行李提取轉盤、海關檢查檯
接機大廳：電信服務、銀行、服務檯

2F 入境證照查驗大廳：入境證照查驗檯、過境轉機室

3F 出境證照查驗大廳：旅客報到櫃檯、出境證照查驗檯、候機室、登機門、免
稅商店
出境大廳：服務檯、旅遊保險服務、銀行

4F 航空公司貴賓室、餐廳

高雄國際航空站

網址：https://www.kia.gov.tw/

1F 入境大廳：行李提取轉盤、海關檢查檯、入境證照查驗檯、檢疫查驗檯
迎客大廳：觀光局服務檯、銀行、商店

3F 出境大廳：旅客報到櫃檯、外幣兌換、旅遊保險服務、出境證照查驗檯
東西翼：候機室、登機門、免稅商店

抵達布拉格

入境審查

抵達布拉格後，前往入境審查大廳，依序排隊辦理入境審查，由於目前進入捷克已不必填寫入境卡，因此只需將護照交予海關人員查驗即可。通常海關人員可能會詢問停留天數及住宿地點，有些還會要求出示訂房證明及航班訂位記錄，因此最好準備一份簡單的英文行程表、訂房證明和航班訂位紀錄供對方參考。海關人員查驗之後，會在護照上戳蓋入境章，停留日期即從當天開始計算。

提領行李

辦妥入境審查手續之後，循指標前往行李提領處，途中會看見顯示航班號碼的行李轉檯告示牌，核對正確的航班號碼後，在告示牌指示的行李轉檯前等候行李。

必須注意的是，如果行李遺失或發現有損毀的狀態，應該向一旁的航空公司行李服務檯提出申訴。遺失行李需出示當初辦理託運時的行李條，以便工作人員查詢與追蹤。

通過海關

領取行李後，最後一個步驟是通過海關。基本上，一般旅客沒有特別需要申報的東西，除非你的免稅品或隨身攜帶的日常生活用品超過標準太多，才有必要另行填寫海關申請表辦理報稅手續。不需報稅者直接通過綠色通道，需報稅者則走紅色通道，並按照海關指示通關。

入境捷克免稅物品數量規定

目前捷克採取歐盟就非歐盟成員國入境旅客，攜帶自用物品進入歐盟國家的統一規定，免稅物品數量限制如下：

■ 菸草製品：17 歲以上成人，可攜帶 200 支香菸或 100 支細雪茄或 250 克的菸草。

■ 酒精飲料：17 歲以上成人，可攜帶酒精成分高於 22% 的酒類 1 公升，或酒精成分低於 22% 的酒類 2 公升。

■ 香精及香水：50 克香精或 250 克香水。

■ 日常物品：15 歲以上旅客，可攜帶價值 175 歐元以下的日常物品；15 歲以下旅客，可攜帶價值 90 歐元以下的日常物品。

■ 如攜帶爆裂物、麻醉藥或成癮性藥物，甚至武器入境捷克，必須先獲得主管機關許可函。另外，攜帶歐盟成員國以外國家製造的藥品入境，同樣必須先獲得捷克主管機關許可。

■ 肉類製品和奶類製品禁止攜帶入境，除嬰兒或醫療因素所需之食品不在此限。

■ 攜帶價值超過 10,000 歐元的現金或支票，或價值超過 15,000 歐元的昂貴物品等入出歐盟邊境，須向海關主動申報。

瓦茨拉夫・哈維爾機場

　　瓦茨拉夫・哈維爾機場（Letišt Václava Havla Praha）位於布拉格西北邊，距離市區約 17 公里的地方，是布拉格唯一的一座國際機場，這處捷克通往世界的門戶，共由三座航廈組成，一般旅客多降落於第一和第二航廈。

（Nina 提供）

機場服務

行李服務

　　如果擔心行李在運送途中會散落或遭到損毀，布拉格機場提供行李封膜的服務，以多層膠膜包覆行李箱，避免可能出現的損害。

　　對於太早抵達機場、或想要利用轉機空檔前往市區觀光的旅客，布拉格機場提供行李寄存的服務。該服務 24 小時無休，寄存時間從 1 小時到 1 個月，每件行李存放 24 小時收費 120 克朗。

電信 / 網路服務

電信服務

　　捷克的電信業以 Vodafone 和 O2 為大宗，布拉格機場的第二航廈設有 Vodafone 的門市。

Vodafone
◎網址：https://www.vodafone.cz/en/

無線上網

　　布拉格機場的第一和第二航廈提供 24 小時免費無線上網服務，不過使用者必須每 5 分鐘登錄服務主頁一次。另外，在機場的熱點處提供更快速、且不必重複登錄的網路服務，但需支付費用，只能在網上以信用卡付費，收費價格視使用時間而定。

旅行社

　　以下是幾家在布拉格機場提供服務的旅行社：

■ **America Tours**
　　網址：http://www.americatours.cz/
　　電話：（420）777-747-333

■ **Asiana**
　　網址：http://www.asiana.cz/
　　電話：（420）220-113-388

■ **Blue Style**
　　網址：http://www.blue-style.cz/
　　電話：（420）226-036-036

■ **EuroAgentur Hotels&Travel**
　　網址：http://www.euroagentur.cz/en/
　　電話：（420）220-114-770

■ **Invia**
　　網址：https://www.invia.cz/
　　電話：（420）226-000-622

■ **Firo Tour**
　　網址：http://www.firotour.cz/
　　電話：（420）210-000-210

■ **Exim Tours**
　　網址：https://www.eximtours.cz/
　　電話：（420）841-115-115

■ **edok**
　　網址：https://www.cedok.cz/
　　電話：（420）800-112-112

瓦茨拉夫‧哈維爾機場
◎網址：http://www.prg.aero/en

機場設施

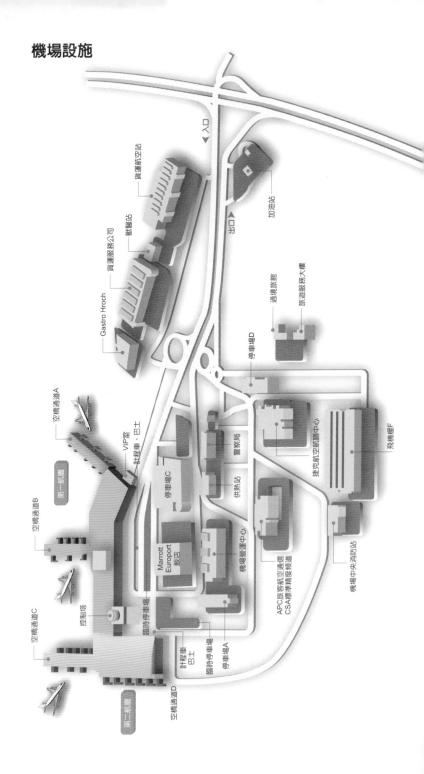

貨運航空站
獸醫站
貨運服務公司
Gastro Hroch
加油站
入口
出口
停車場D
過境旅館
旅遊服務大樓
空橋通道A
VIP室
計程車、巴士
停車場C
警察局
供熱站
捷克航空航題中心
飛機棚F
第一航廈
空橋通道B
機場客運中心
Marriott
Europort
飯店
APC旅客航空通信
CSA標準精密頻道
機場中央消防站
空橋通道C
控制塔
臨時停車場
計程車
巴士
臨時停車場A
停車場A
第二航廈
空橋通道D

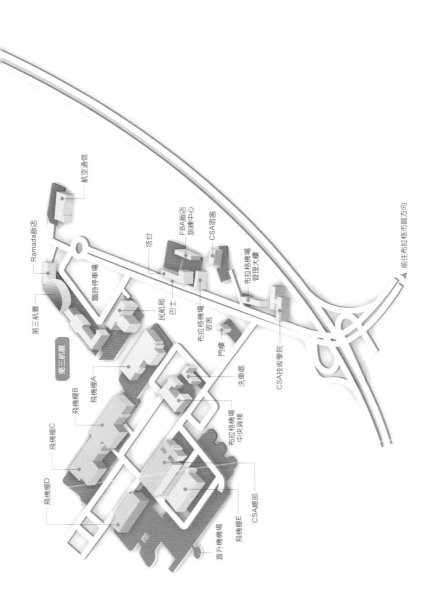

航空通信
Ramada飯店
塔台
FBA飯店訓練中心
CSA宿舍
第三航廈
臨時停車場
第二航廈
民航局巴士
布拉格機場宿舍
布拉格機場管理大樓
前往布拉格市區方向
飛機棚A
飛機棚B
飛機棚C
門樓
洗車處
CSA技術學院
飛機棚D
布拉格機場中央貨棧
飛機棚E
CSA總部
直升機機場

從機場前往布拉格市區

　　瓦茨拉夫・哈維爾機場提供多種連接市區的交通工具，其中包括巴士、機場快線、穿梭巴士和計程車等，旅客可視個人情況與預算選擇交通工具搭乘。

巴士

　　多路巴士往來於機場和布拉格的地鐵站，是兩地間最便宜的交通方式，對住在地鐵站附近的旅客來說相當方便。只不過布拉格有些地鐵站很大，同時可能得深入地下好幾層，尤其是上下班尖峰時段人潮眾多，對於攜帶許多行李的旅客來說，可能比較不便。

　　巴士站設立於第一和第二航廈的入境大廳外，兩處航廈的入境大廳均設有售票櫃檯，服務時間為 7:00 ～ 21:00。此外，也可以在巴士站旁的自動售票機，或直接向巴士司機以現金購買車票。巴士車票和地鐵等其他布拉格公共交通工具通用，每張票的時效為 90 分鐘，在此期間內可無限次搭乘公共交通工具。在售票櫃檯和自動售票機買票比較便宜，每張成人票的票價為 32 克朗，兒童或長者優待票為 16 克朗；如果向司機購票則較貴，每張成

（Nina 提供）

人票的票價為 40 克朗，兒童或長者優待票為 20 克朗。另外，如果行李體積超過 25×45×70 公分，必須另外購買一張 16 克朗的行李　　。

機場快線

除了連接布拉格地鐵站的巴士外，布拉格公共交通公司（The Prague Public Transit Co. Inc.）另有機場快線（Airport Express），往來於機場和布拉格火車總站（Holešovice Nádraži）之間，對於要搭乘火車前往其他國家，或是想轉搭地鐵 C 線的人來說非常方便。

機場快線的搭乘處同樣位於第一和第二航廈的出境大廳外，營運時間為 5:30 ～ 22:30，每 15 ～ 30 分鐘一班，必須購買另一種只能搭乘機場快線的車票，票價為 60 克朗，從布拉格機場前往火車總站大約需要 35 分鐘。

往返機場與地鐵站的巴士資訊

路線	連接地鐵線	主要車站名稱	所需時間
119	A	Dejvická	24 分鐘
100	B	Zli ín	18 分鐘
機場快線	C	Holešovice Nádraži	35 分鐘

布拉格公共交通公司
◎網址：http://www.dpp.cz/en/
◎電話：（420）800-191-817
◎E-mail：stiznosti.podnety@dpp.cz

穿梭巴士

穿梭巴士（Public Shuttle-Bus）是往來機場與布拉格市區較方便且經濟的方式，在機場有幾家旅行社和交通業者提供往返兩地的服務。

布拉格機場接送（Prague Airport Transfers）提供的穿梭巴士，會有專人在預定時間於機場第一或第二航廈入境大廳接機，接機人員手持預約者姓名的橘色卡片，引領你前往停車場搭乘分配的迷你巴士。穿梭巴士每隔 30 分鐘發車，因此有時可能必須等待 30 分鐘，強烈建議事先預約，以免額滿就得再等下一班。

穿梭巴士往來於機場和布拉格市區靠近瓦茨拉夫廣場（Václavské náměstí）的 Národní street 40，不塞車情況下車程約 30 分鐘，由此步行 3 ～ 5 分鐘可以抵達 Můstek 站，轉搭地鐵 A、B 線。穿梭巴士單程票價 140 克朗，6 歲以下的兒童有成人陪伴免費，必須注意的是每張票價包括兩件一般大小行李。

Data

布拉格機場接送
◎網址：https://www.prague-airport-shuttle.cz/
◎電話：（420）777-777-237
◎E-mail：info@prague-airport-transfers.co.uk

計程車

搭乘計程車前往布拉格市區，無疑是最舒適且方便的方式，但同時也是費用最高的一種方式。由於曾經發生過計程車司機欺騙旅客的事件，因此搭乘前一定得要求司機按表計費。

瓦茨拉夫·哈維爾機場的計程車招呼站位於第一航廈 D 出口和第二航廈 E 出口的正前方，機場的官方網站提供兩家計程車服務資訊，無論是 Fix Taxi 或 Taxi Praha 均按公里數計費，起步價同為 40 克朗，之後每公里加收 28 克朗，等候費為每分鐘 6 克朗。從機場前往布拉格市中心，車資大約在 650 ～ 700 克朗之間，車程約需 30 分鐘。

Data

Fix Taxi
◎網址：http://fix-taxi.cz/?lang=en
◎電話：（420）722-555-525
◎E-mail：dispecink@fix-taxi.cz

Taxi Phaha
◎網址：http://taxi14007.cz/en/
◎電話：（420）220-414-414
◎E-mail：info@taxi14007.cz

從布拉格市區前往機場

　　從布拉格市區前往瓦茨拉夫·哈維爾機場的交通路線，和前來時的動線一樣，只不過搭車與購票地點不同。從機場前往市區，通常所有的交通工具搭乘地點都聚集在機場的出境大廳外，所以不但選擇方便且一目了然；但是回程可能從市區內的任何一點出發，因為途中或許會更換住宿地點，或是從其他城市歸來，因此需要花一點時間了解乘車地點、還有購票方式。

　　此外，由於辦理登機報到手續需要在出發之前 2 小時，交通時間的考量因素也不能忽略。如果你是採買大量戰利品的旅客，就得挑選一個比較節省體力的交通方式。

巴士

　　由於地鐵發車時間固定且不會塞車，在時間的掌握上較準確，因此選擇地鐵轉乘巴士的遊客受塞車影響的機率較小，特別是從地鐵 A、B 線的終點站 Dejvickác 和 Zli ín 站轉乘公車，會比在地鐵 B 線的 Nové Butovice 站轉乘公車來得省時，因為終點站之後的公車轉乘路段遠離市中心，也就是說避開了容易壅塞的地段，這一點對於時間的掌控上更為有利。

　　如果行李很多，且搭乘地鐵和公車的時間為上下班尖峰時間，可得要好好考慮，因為屆時兩項交通工具會湧入大量人潮，對於搬運行李將會產生困難。此外，也可能會遇到擠不上車、必須再等下一班的情況。

機場快線

機場快線的發車地點固定在布拉格火車總站，如果是從其他城市搭乘火車遊歷歸來的人，非常適合選擇這項交通工具。當然旅客也可以搭乘地鐵 C 線前來轉乘，只是同樣得注意尖峰時段應考量和避免的情況。機場快線的車票除了可在自動售票機上購買之外，一般的書報攤通常也有販售。

穿梭巴士

回程從布拉格市區返回瓦茨拉夫·哈維爾機場的穿梭巴士，乘車點和前來的下車點同一處，均為瓦茨拉夫廣場附近的 Národní street 40，費用也相同。此外別忘了比預訂時間提早五分鐘到達，以免無法順利準時出發。

（Nina 提供）

計程車

在市區搭乘計程車，必須前往招呼站等候，一般於火車站、地鐵站和觀光勝地附近都設有計程車招呼站。由於當地的計程車經常發生詐騙事件，因此盡量選擇比較有信譽的計程車公司，同時在上車前先談好車資或採按表計費方式。值得注意的是，在某些觀光地區會有惡質的計程車聚集，他們通常都會額外索費，所以如果不確定對方是否誠實，最好前往計程車招呼站招車，或是撥打 AAA 無線電計程車公司叫車專線，也可請飯店和旅館代為叫車。

DATA
AAA Taxi
◎網址：https://www.aaataxi.cz/en/
◎電話：（420）222-333-222
◎E-mail：hotline@aaataxi.cz

從布拉格機場出境

辦理退稅手續

　　如果捷克是你停留於歐盟會員國中的最後一站，同時也購買了足以退稅的商品，那麼去機場辦理登機手續前，別忘了先去機場的退稅櫃檯辦理退稅手續。

　　瓦茨拉夫‧哈維爾機場共有三個航廈，其中一般旅客比較常接觸到的是第一和第二航廈，這兩個航廈均設有退稅櫃檯，旅客可先確認個人搭乘的班機在哪個航站起飛，就近辦理即可。

　　海關人員為了確定辦理退稅的旅客會將購買的退稅商品攜帶出境，因此有時會要求旅客出示該商品，如果打算將退稅商品放置託運行李內，最好在行李託運之前先辦理退稅手續，否則若無法出示該商品，海關人員便有拒絕退稅的理由，如此一來，即使當地商家填寫了退稅表格，但是沒有海關人員戳蓋印章，依舊等同未完成退稅手續。

　　事實上，海關人員未必會檢查每樣退稅商品，不過若是較為高檔的名牌精品，還是可能要求出示商品。如果打算隨身攜帶退稅商品，可先辦理登機手續，託運行李後再去退稅。必須注意的是，有時會遇上大排長龍的退稅隊伍，因此欲辦理退稅手續者，最好提前 3 小時抵達機場，以免時間來不及。

（Nina 提供）

退稅須知

退稅對象與規定

　　如果不是歐盟會員國的居民、並且在購物後 3 個月內離境的旅客，只要同一天在同一家商店內消費總額超過 2,000 克朗，就可以申請退稅。捷克當地增值稅（VAT）的稅率為 21%。

退稅方式與步驟

Step 1 一旦達到退稅的標準，可要求特約商店的店員填寫退稅證明（Credit Voucher）或退稅支票（Golbal Refund Cheque）。旅客必須出示護照以供登記，並詢問店家可行的退稅方式為何？之後妥善保留店家開立的退稅證明與收據。

Step 2 抵達機場後，前往退稅櫃檯出示退稅商品、退稅證明、收據與護照，海關人員檢查無誤後，會在證明上加蓋驗放章。

Step 3 如果辦理的是支票或信用卡退稅方式，在海關人員完成查驗手續並蓋章後，記得將退稅證明裝入當初店員給予的信封中，不需貼上郵票，直接投入退稅櫃檯旁的郵筒即可。如果回到臺灣才郵寄的話，則必須自行購買郵票補貼郵寄費用。

至於選擇現金退稅的人，可以在入關後尋找 Cash Refund Office 或 Cash Point，當場退稅，但並不是每個地方都有 Cash Refund Office 或 Cash Point。此外，這些地方也有服務時間限制，像是第一航廈的 Cash Point 只有 7:00 ～ 23:00 開放。

另一件注意事項，雖然當地的增值稅為 21%，不過退稅時會收取部分手續費，因此通常無法全額退稅。

退稅方式選擇

目前的退稅方式包括支票、現金或直接匯入信用卡帳戶。匯入信用卡帳戶是最方便的管道，通常是匯入當初消費時使用的同一張信用卡帳戶裡，此外，退稅金額會直接兌換為臺幣。退稅時間各國不同，但普遍來說 Visa 的處理時間約為 45 天；Mastercard 則為 30 天。

至於現金，除非在機場將繼續消費或之後仍會前往捷克，否則沒有保留的必要。支票最為麻煩，因為 Global Blue 集團將會退給你當地貨幣的支票，如果要在臺灣的銀行辦理兌現，還必須支付高額手續費兌換成臺幣。

無法退稅的東西

並不是所有東西都可以退稅，像是食品、住宿費和交通費，都是屬於無法退還增值稅的消費商品。

辦理報到手續

不需要退稅的人可以直接前往航空公司櫃檯辦理報到手續，至於完成退稅的人，接下來的步驟當然也是前往航空公司櫃檯辦理報到手續。

辦理報到的時候，將護照和電子機票收據或紙本機票交由航空公司人員處理。和前來布拉格時一樣，由於必須經過 2 ～ 3 段的轉乘航班，因此務必向航空公司人員確認託運行李是否直掛臺灣，以及是否必須在轉機點再次前往航空公司櫃檯領取後段登機證。領取登機證和行李條之後，就完成了報到手續。

（Nina 提供）

海關申報

　　一般來說，通常不會有人帶太多捷克克朗離開布拉格，因此旅客大多可跳過此步驟。不過如果攜帶超過 20 萬克朗離境，則必須申報。此外，像是一些骨董等物品，如果要帶出捷克也必須擁有輸出許可證。

證照查驗

　　在出境審查櫃檯前依序排隊，等候辦理證照查驗手續。須向海關人員出示護照及登機證，通常海關人員不會詢問任何問題，查驗無問題後就會直接蓋章放行。

安全檢查

　　通過金屬探測門，隨身行李通過 X 光檢查。可隨身攜帶的液態、膠狀及噴霧類物品，請參見「從臺灣機場出境」的「安全檢查」（p.48）。

等候登機

　　在登機證上標註的登機時間前，前往登機門報到、登機。登機之前的等待時間，可以在機場內四處逛逛，選購最後的紀念品或免稅商品。

DATA
免稅購物集團
1. Global Blue
◎網站：http://www.globalblue.com/

2. Premier Tax Free
◎網站：https://premiertaxfree.com/

搭乘火車前往布拉格

國人前往歐洲旅遊，有時未必只去單一國家，以捷克為例，可能還會順道前往附近的奧地利或匈牙利等國家。

由於歐洲大陸鐵路網絡發展綿密，特別是各國大城之間，每天至少都有一班跨國火車往來銜接。以布拉格為例，和奧地利維也納、德國慕尼黑及法國巴黎等，每天差不多都有一班列車往來，至於和部分鄰近國家，則可能每天多達好幾班列車。再加上火車票比機票便宜，搭乘火車也比飛機方便等因素，有些人未必是以機場作為進入布拉格的門戶。

（Nina 提供）

臺灣目前沒有直飛班機抵達布拉格，所以有些人或許會選擇搭臺灣國內直飛歐洲大城的班機，像是長榮航空的維也納航線、中華航空的維也納或法蘭克福航線等，同時順道遊覽兩國。或是直飛鄰國大城後，再轉搭火車進入捷克，如此不但可以免除多段轉機所浪費的時間及辛勞，又可以細細觀賞沿途的美景。

（Nina 提供）

火車路線

　　布拉格是歐洲著名的旅遊城市，幾乎和各國大城之間都有固定往來的火車班次。因火車站多位於市中心，同時不需提早 2 小時報到，再加上長程火車座位舒適寬敞，對長途旅行來説是相當不錯的選擇。以下是布拉格和鄰近國家大城間搭乘火車所需的時間：

往來城市	所需時間
布拉格－維也納	4 小時 45 分鐘
布拉格－布達佩斯	6 小時 45 分鐘
布拉格－法蘭克福	8 小時 35 分鐘
布拉格－慕尼黑	8 小時 45 分鐘
布拉格－華沙	9 小時 15 分鐘

出入境檢查

　　跨國火車到了邊境時，會有海關人員上車查驗護照和簽證。如果前往的國家同為申根會員國，基本上只要護照效期超過 9 個月都沒有問題，但跨越的國家若不屬於申根會員國，即使只是搭乘火車過境，也必須備妥該國的簽證，否則將無法進入。必須注意的是，無論任何簽證都無法在火車上當場核發！

布拉格主要火車站

　　布拉格共擁有 4 個火車站，其中位於舊市區的中央車站（Hlavní Nádraží）是布拉格最重要的火車站，幾乎所有國內外火車都會在此進出和停靠。該火車站內設有郵局、餐廳、商店、貨幣兌換處，甚至還有旅館代訂服務櫃檯。火車站藉由地鐵 C 線的同名車站，連接布拉格的四面八方。

　　另一個位於東北方的火車總站（Holešovice Nádraží），是布拉格往來東歐和中歐的主要火車進出站，包括前往維也納和布達佩斯的列車。這座車站同樣以地鐵 C 線連接布拉格的市中心。

火車通行證

　　如果搭乘長途火車的次數不多，只需分別購買每趟的車票即可，但若打算在歐洲進行多趟遠距離旅行，這時不妨視個人情況選購火車通行證，也就是一般人常說的歐鐵票。歐鐵票只在歐洲以外的國家出售，在臺灣可以透過旅行社代購，詳細情形與使用細節逕洽火車通行證臺灣總代理飛達旅遊。

Data
飛達旅遊
◎網址：http://www.gobytrain.com.tw/
◎電話：（02）8771-5599

通行證票種

　　以下是在捷克可以使用的火車通行證票種，另有「歐洲任選 3 國火車通行證」和「歐洲任選 4 國火車通行證」，可視個人需求選擇。

票種	涵蓋國家	天數選擇	成人票價（頭等艙）
捷克火車通行證	捷克單國	1 個月內任選 3、4、6、8 天使用	121 歐元起
歐洲任選 2 國火車通行證	捷克＋奧地利、德國或斯洛伐克	2 個月內任選 4、5、6、8、10 天使用	195 歐元起
東歐三角火車通行證	維也納－布拉格－布達佩斯－維也納　維也納－布拉格－薩爾茲堡－維也納	連續一個月	119 歐元

票價不含開票手續費 6 歐元，至 2017/12/31 有效。

PART 4

市區交通

1 認識布拉格交通

2 地鐵

3 電車

4 好用的交通票券

5 如何購票與驗票

（Nina 提供）

認識布拉格交通

　　在布拉格旅行，最適合的移動方式是先搭乘交通工具前往某區，之後再徒步散行於該區的景點間。

　　地鐵是旅客在布拉格最常使用的交通工具，不過在某些區域則必須搭配網絡更密集的電車或巴士。此外，在貝特辛山（Petřínské sady）另設有登山纜車，而這些市區內的公共交通工具，使用的是彼此都可互通的車票。

（Nina 提供）

地鐵

　　目前布拉格地鐵（Metro v Praze）由三條路線組成，分別以綠、黃、紅三色代表 A、B、C 線，各自擁有 17、24、20 個站，地鐵全長約 62 公里。貫穿市區北面和東南面的 C 線最早開始營運，於 1974 年啟用；橫越市區東北面和西南面的 B 線投入服務的時間最短，至今還不到四分之一個世紀。因此大體上來說，布拉格地鐵還算新，過去主要由俄羅斯興建，但 2008 年後開始採用德國西門子的新列車取代。

　　地鐵服務時間每條路線略有些微差異，不過大抵都在 4:45 ～ 24:00 之間，提供長達 19 小時的運行服務。尖峰時間每 1 ～ 3 分鐘就有一班車；平常時間則約 4 ～ 10 分鐘一班，清晨和深夜搭車人次較少的時段，列車間的發車時間距離較長。

　　布拉格的地鐵站通常非常大，而且深入地底下好幾層，因此其陡長的手扶梯經常令旅客留下深刻的印象。有時抵達車站後，出口多到必須走上 5 ～ 10 分鐘才能出站，像是最繁忙的 Můstek 站或 Muzeum 站，就是最好的例子。

（Chi Yang 提供）

電車

　　電車沒有行駛於舊市區中，所以旅客使用的頻率較低，若想前往新城區或貝特辛山就須搭乘電車，像 22 號、14 號電車就是旅客較常利用的路線。每年 3 ～ 11 月間的週末，另外還有懷舊電車 91 號，可以進入市中心的歷史風景。

　　事實上，覆蓋布拉格大部分面積的電車路線，長度約達 500 公里，對於當地人來說非常重要。每天營運時間為 4:30 ～ 24:00，平均 8 ～ 10 分鐘一班；週末假日則 8 ～ 15 分鐘一班。此外，對於夜歸的民眾，另有夜間電車提供服務，從凌晨 0:30 ～ 4:30 之間，平均每 40 分鐘發一班車。

（Chi Yang 提供）

巴士

　　由於市中心的交通大多由地鐵和電車串聯而成，因此布拉格的巴士主要往返郊區之間，旅客使用的機會並不多。除了搭配地鐵前往機場，像是 119 路和 100 路巴士也可搭乘。

　　巴士運行時間為 4:30 ～ 24:00，尖峰時段平均 6 ～ 8 分鐘發一班車；離峰時間約 10 ～ 20 分鐘發一班車；至於假日則 15 ～ 30 分鐘發一班車。針對夜歸者，另有 0:00 ～ 4:30 之間運行的夜間巴士，發車間隔在 30 ～ 60 分鐘之間。

纜車

　　想登上貝特辛山的人，除了步行，另有不費體力的方式──搭乘纜車。旅客可以搭乘 6、9、12、20、22 號等電車前往位於小城區的 Újezd 站後，在此換乘纜車。纜車的營運時間為 9:00 ～ 23:00，平均每 10 ～ 15 分鐘一班車，搭乘纜車可購買 30 分鐘的短程票，成人票價 24 克朗，兒童或長者優待票為 12 克朗。

短程票

計程車

　　布拉格當地的計程車惡名昭彰，因此除非行李非常多，否則不建議搭乘，特別是在市區內的熱門景點，經常發生強索其他費用的情形。如果真的需要搭乘計程車，請到計程車招呼站攔車，或是向較有商譽的 AAA 無線電計程車行叫車。

DATA

My Czech Republic
◎網址：http://www.myczechrepublic.com/prague/transportation.html

地鐵

地鐵 A 線

從布拉格市區西北面橫貫東南面的地鐵 A 線，於 1978 年開始提供服務，是布拉格地鐵中最短的一條路線，長度大約 12 公里，共擁有 17 個站。雖然站數最少，然而地鐵 A 線卻是旅客前往市區多處重要觀光景點的主要交通工具，像是小城區、舊城區等，都必須

（Nina 提供）

先搭乘地鐵 A 線，再搭配步行約 5 ～ 10 分鐘的距離抵達。此外，A 線藉由 Můstek 站連接 B 線、Muzeum 站連接 C 線，這兩站是布拉格地鐵中最繁忙的兩個站。

地鐵 A 線站名

Nemocnice Motol
Petřiny
Nádraží Veleslavín
Bořislavka
Dejvická
Hradčanská
Malostranská
Staroměstská
Můstek - A
Muzeum - A
Náměstí Miru
Jiřího z Poděbrad
Flora
Želivského
Strašnická
Skalka
Depo Hostivař

地鐵 B 線

從布拉格市區西南面橫貫東北面的地鐵 B 線，是目前三條路線中最新的一條，1985 年落成，擁有 24 個站，同時也是最長的一條地鐵線，延伸將近 26 公里的距離。旅客搭乘的時機，大多是往來於新市區之間，此外，B 線分別藉由 Můstek、Florenc 站和 A 線及 C 線連結。

（Nina 提供）

地鐵 B 線站名

Zličín
Stodůlky
Luka
Lužiny
Hůrka
Nové Butovice
Jinonice
Radlická
Smíchovské nádraží
Anděl
Karlovo náměstí
Národní třída
Můstek - B
Náměstí Republiky
Florenc - B
Křižíkova
Invalidovna
Palmovka
Českomoravská
Vysočanská
Kolbenova

Černý Most
Rajská zahrada
Hloubětín

地鐵 C 線

從布拉格市區北面橫貫東南面的地鐵 C 線，是布拉格地鐵系統中的元老，1974 年落成，最早開始提供服務，擁有 20 個站，路線長度大約有 20 公里。不過，旅客搭乘的機會同樣不多，除非是想前往位於郊區的高堡區。藉由 Muzeum、Florenc 站，C 線可分別和 A 線及 B 線連結。

地鐵 C 線站名

Letňany
Prosek
Střížkov
Ládví
Kobylisy
Nádraží Holešovice
Vltavská
Florenc - C
Hlavní nádraží
Muzeum - C
I. P. Pavlova
Vyšehrad
Pražského povstání
Pankrác
Budějovická
Kačerov
Roztyly
Chodov
Opatov
Háje

電車

91 號電車

91 號電車又名「懷舊電車」（Nostalgická linka č.91），不同於一般電車供平日往來交通使用，只在 3 ～ 11 月間的週末和假日運行。服務時間為 12:00 ～ 18:00，平均每小時發一班車，從 Vozovna Střešovice 出發後，一路行經小城區至市中心。票價方面，搭乘 91 號電車成人票價 35 克朗，15 歲以下孩童 20 克朗。

91 號電車站名

Vozovna Střešovice
Brusnice
Pražský hrad
Královský letohrádek
Malostranská
Malostranské náměstí
Hellichova
Újezd
Národní divadlo
Národní třída
Lazarská
Vodičkova
Václavské náměstí
Jindřišská
Masarykovo nádraží
Náměstí Republiky
Dlouhá třída
(返程停靠) Nábřeží Kapitána Jaroše
Strossmayerovo náměstí
Veletržní
Výstaviště

22 號電車

在布拉格平日營運的將近 30 條左右電車路線中，以 22 號電車最常為旅客所使用，從布拉格市區的西北方行駛至東南方，沿途經過貝特辛山、布拉格城堡、小城區及舊城區及國家劇院等著名景點。對於不想以步行方式探訪布拉格的人，

不妨多利用這條電車路線。

22 號電車與地鐵 A 線的 Malostranská 站、地鐵 B 線的 Národní třída 站，以及地鐵 C 線的 I. P. Pavlova 站相交，除此之外，搭乘 22 號電車還能欣賞到許多令人驚豔的美景。

22 號電車站名

Bílá Hora
Malý Břevnov
Obora Hvězda
Vypich
Říčanova
Břevnovský klášter
U Kaštanu
Drinopol
Marjánka
Malovanka
Pohořelec
Brusnice
Pražský hrad
Královský letohrádek
Malostranská
Malostranské náměstí
Hellichova
Újezd
Národní divadlo
Národní třída
Karlovo náměstí
Štěpánská

Nádraží Hostivař
Hostivařská
Na Groši
Obchodní centrum Hostivař
Sídliště Zahradní Město
Zahradní Město
Na Padesátém
Dubečská
Radošovickái
Nádraží Strašnice
Na Hroudě
Průběžná
Kubánské náměstí
Slavia
Koh-i-noor
Čechovo náměstí
Vršovické náměstí
Ruská
Krymská
Jana Masaryka
Náměstí Míru
I. P. Pavlova

（Nina 提供）

14 號電車

　　14 號電車由布拉格的東北方行駛至西南方，沿途經過查理廣場（Karlovo náměstí）和共和廣場（Náměstí Republiky）等地，與地鐵 B 線的 Náměstí Republiky 站、Karlovo náměstí 站、Anděl 和 Smíchovské nádraží 站，以及 C 線的 Kobylisy 站相交。

14 號電車站名

Sídliště Barrandov
Poliklinika Barrandov
Chaplinovo náměstí
K Barrandovu
Geologická
Hlubočepy
Zlíchov
Lihovar
ČSAD Smíchov
Smíchovské nádraží
Plzeňka
Na Knížecí
Anděl
Zborovská
Palackého náměstí
（返程停靠）Moráň
Karlovo náměstí
Lazarská
Vodičkova
Václavské náměstí
Jindřišská
Masarykovo nádraží

Vozovna Kobylisy
Libeznická
Březiněveská
Kobylisy
Ke Stírce
Hercovka
Nad Trojou
Ortenovo náměstí
U Průhonu
Dělnická
Tusarova
Pražská tržnice
Vltavská
Těšnov
Bílá Labuť

地鐵和電車圖

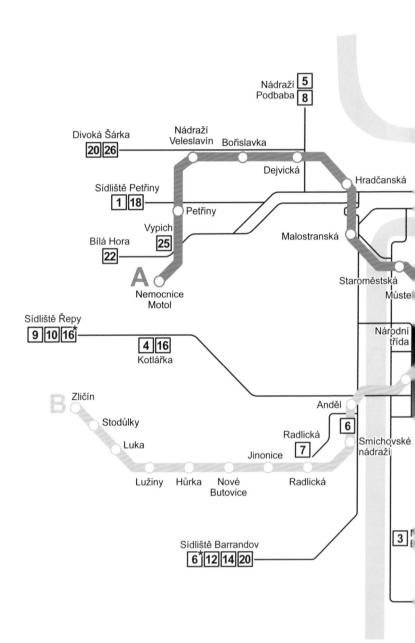

Nádraží 5
Podbaba 8

Divoká Šárka
20 26

Nádraží
Veleslavín   Bořislavka

Dejvická

Hradčanská

Sídliště Petřiny
1 18

Petřiny

Vypich
25

Malostranská

Bílá Hora
22

A Nemocnice
Motol

Staroměstská

Můste

Sídliště Řepy
9 10 16*

4 16
Kotlářka

Národní
třída

B Zličín

Stodůlky

Luka

Lužiny   Hůrka   Nové
Butovice

Jinonice

Anděl

6

Radlická
7

Radlická

Smíchovské
nádraží

3

Sídliště Barrandov
6* 12 14 20

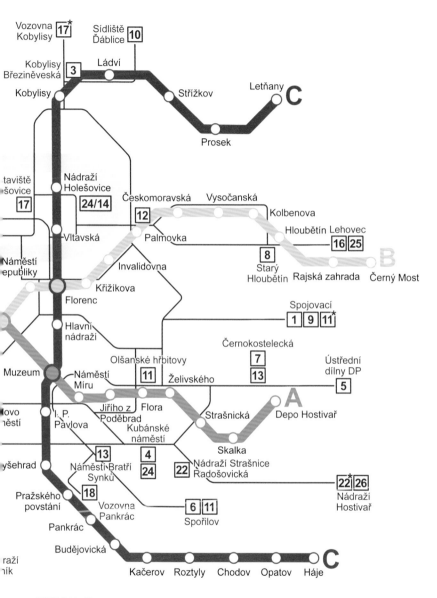

好用的交通票券

　　布拉格的公共交通工具視行駛範圍區分票價，主要可分為 P 區和 0 區兩種，其中 P 區包括地鐵、電車、市區巴士（100～299 號及 901～915 號巴士）、貝特辛山的纜車等；至於 0 區則屬外圍環城大道區域，包括行駛於布拉格地區的巴士（300～420 號和 951～960 號巴士），以及部分捷克火車路線。不過，由於一般旅客到訪 0 區的機率相當低，以下主要介紹 P 區的票種與票價。

票種分類與使用限制

　　在布拉格搭乘公共交通工具，無論是地鐵、電車、巴士或是纜車，用的都是同一種車票。

（Nina 提供）

車票主要可分為基本票（Basic Ticket）、短程票（Short-term Ticket）、1 日券（1 Day Ticket）、3 日券（3 Days Ticket）以及月票（Monthly Pass）、季票（Quarterly Pass）和年票（1 Year Pass）幾種。

基本票又稱為「轉乘票」，票券的使用時效為 90 分鐘，可隨意轉乘其他公共交通工具，包括纜車等。

另外就是月票、季票和年票等預付票，這類車票又各自細分為可轉乘或不可轉乘其他公共交通工具兩種，持預付票的旅客可在週末或公眾假期免費攜帶一名 15 歲以下的兒童共乘，不過對於一般的旅客來說幾乎用不到，主要是針對居住於布拉格的人。

P 區各類票券價格一覽表

票種	票價	成人 15 歲以上	孩童 6～15 歲	長者 65～70 歲	6 歲以下 & 70 歲以上
短程票（30 分鐘）		24	12	12	0
基本票（90 分鐘）		32	16	16	0
1 日券		110	55	55	0
3 日券		310	—	—	0
預付票		成人 19 歲以上	青少年 15～19 歲	學生* 19～26 歲	長者 60～65 歲
不可轉乘	月票	550	260	260	250
	季票	1,480	720	720	660
	年票	3,650	—	—	—
可轉乘	月票	670			
	季票	1,880			
	年票	6,100			
備註	*持有學生證明者				票價：克朗

購票須知與建議

　　值得注意的是，在布拉格搭乘地鐵，如果有大型行李、腳踏車或未以寵物箱攜帶的動物，都必須另外購買 16 克朗的行李票。

　　不過在布拉格搭乘公共交通工具的機會其實並不多，通常旅客一天大約只會搭乘兩趟。對於住在市中心，像是舊城區的人來說，更是幾乎都能以步行的方式前往主要旅遊景點，所以有時購買一或多日券未必划算，這時還不如多買一張行李票。旅客最好先規劃旅遊路線，並計算可能搭乘公共交通工具的次數，如此一來才能選購最經濟實惠、且符合個人需求的票券。

（Nina 提供）

如何購票與驗票

購買車票

　　購買布拉格公共交通工具車票的方式非常簡單，可以直接向書報攤購買，或是透過地鐵站內、巴士站旁的售票機（只接受零錢），也能向售票櫃檯購買。搭乘公車的人還可以在上車後直接跟司機買票。以下是透過機器購買車票的步驟：

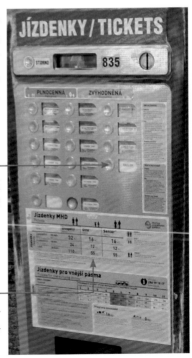

Step 1 選擇語言
售票機的按鈕通常分為三排，位於最右邊、價目按鈕旁的是語言選擇按鈕，先按下「英文」（English）選項。

Step 2 選擇票種
根據個人的需求，選擇合適的票種，接著按下符合該票種價格的按鈕。

Step 3 投幣付費

接著按照螢幕顯示的價格，投入硬幣付費。如果螢幕上出現「沒有零錢」（No Change）的字樣，表示售票機內已無零錢可找，這時盡量不要投入比實際應付金額還多的硬幣，否則無法找零。

Step 4 取票

待完成付費手續後，售票機會印出車票，這時只要取票，就完成購票程序了。

基本票

SMS 車票

如果有捷克的電信門號 SIM 卡，可直接以手機購買 SMS 車票，購買方式相當簡單，只需要以簡訊寫下「DPT24」，然後傳到「90206」這個號碼，大約在 2 分鐘之後，就可以透過手機收到 SMS 車票。

SMS 車票每張 24 克朗，時效為 30 分鐘，可以轉乘其他所有公共交通工具，同時也能拿來當成行李票使用。值得注意的是，在進入地鐵站和纜車站前，必須先以手機取得有效 SMS 車票後，才能進入這些地方的乘車區或車廂。

如何驗票

不像臺灣的地鐵站出入口設有刷卡控管機制，布拉格地鐵站的出入口幾乎沒有欄杆，任何人都能暢行無阻。雖然沒有人在驗票機旁監督，但這並不表示可以乘坐霸王車，因為當地的查票員將隨乘穿行於地鐵和巴士上，如果被發現逃票的話，將會罰上好幾十倍的罰金，反而更得不償失。

　　至於要如何讓車票生效？方法非常簡單，旅客只需要尋找一種黃色的長方形驗票機，並將車票箭頭所指的那端放入機器的洞口，聽到機器自動戳蓋的聲音取出即可。屆時車票上會出現驗票時間及日期，表示完成驗票手續，接著就可以放心的在時效之內搭乘公共交通工具。

　　驗票機通常位於地鐵站的售票櫃檯旁、乘車區的入口、電車及巴士前後門附近的扶手，很容易找到。

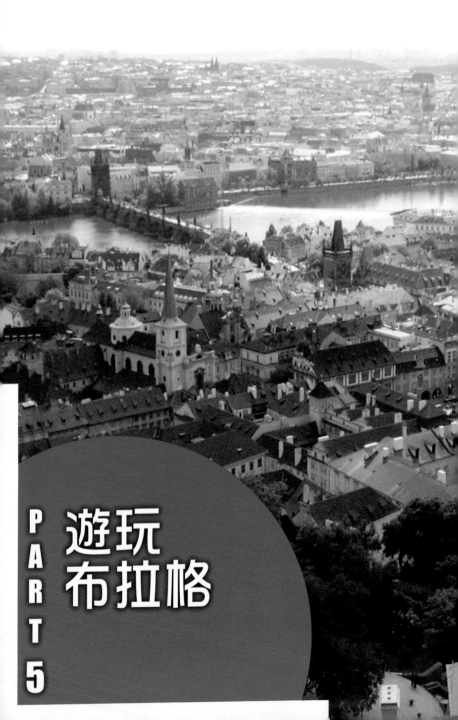

PART 5

遊玩
布拉格

1 城堡區
2 小城區
3 舊城區
4 高堡區
5 新城區

（Nina 提供）

城堡區

城堡區（Hradčany Hrad）位於布拉格地勢較高的左岸，一路朝北延伸至城堡山。打從西元 9 世紀出現布拉格城堡開始，城堡區就一直扮演著重要的政治重心角色，無論是波西米亞國王、神聖羅馬帝國皇帝，乃至今日捷克共和國的總統，都以這座城堡為權力中心，使得該區的發展從未間斷，濃縮了跨越千年的建築精華。

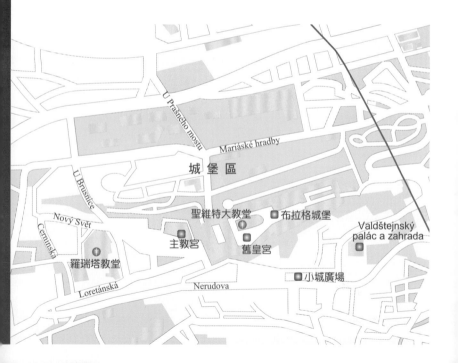

布拉格城堡

　　布拉格城堡（Pražský hrad）不僅是城堡區、同時也是布拉格最熱門的觀光景點。這座全世界最大的城堡之一，長約 570 公尺、平均寬約 130 公尺，總面積達 45 公頃，裡面容納多座宮殿、教堂、庭園及高塔。

　　應驗了莉布絲公主的預言，由普傑米斯立王朝開始興建的布拉格城堡，於 14 世紀神聖羅馬帝國皇帝查理四世任內完成現今規模，錯落相鄰的建築呈長方形分布，旅客可以順著一進一進的中庭，逐次向內參觀。城堡內除上述建築，部分空間還改建成博物館，因此如果想要仔細參觀，大約至少需要半天以上的時間。

參觀布拉格城堡的最佳動線，是從位於南面的正門馬提亞城門（Matyášova brana）進入，接著一路向東行。17世紀初興建的馬提亞城門是布拉格最早出現的巴洛克式建築，緊鄰著這座城門後方出現的龐大建築，可說是布拉格地標中的地標──聖維特大教堂。

慕夏之窗

聖維特大教堂

聖維特大教堂（Katedrála st Vita）的歷史可以回溯到10世紀的上半葉，不過這座歷經七個世紀才落成的教堂，其基本架構大致確定於14世紀查理四世統治任內。當時這位野心勃勃的皇帝，以哥德式風格取代了聖維特大教堂原本的巴西利卡式建築，而受委任的建築師彼得巴勒，以做為支撐的飛扶臂和優美的肋拱，將此風格發揮的淋漓盡致。「金色大門」是19世紀的主要出入口，上方色彩繽紛的馬賽克鑲嵌畫訴說著《最後審判》的故事。

聖維特大教堂外觀上另一處值得欣賞的地方，是位於哥德式雙塔下方、今日當成正門使用的西大門，門上方的怪獸和聖人浮雕，從16世紀中開始動工，卻直到1996年才完成。然而更吸睛的是上方繁複華麗的玫瑰之窗，描繪著《聖經》創世紀的故事，是20世紀初的作品。

瓦茨拉夫禮拜堂

　　聖維特大教堂響噹噹的名氣除了宏偉的建築，更必須歸功於鎮堂之寶——位於第三禮拜堂中的「慕夏之窗」。這幅由上萬片玻璃組合而成的彩繪，出自捷克當代著名畫家慕夏（A. Mucha）之手，吸引無數旅人前來膜拜，其鮮豔色彩和優雅構圖展現了新藝術的迷人魅力。

　　其他聖維特大教堂中值得一看的地方，包括捷克守護聖人聖約翰的純銀靈柩、裝飾著寶石和黃金的瓦茨拉夫禮拜堂，以及洋溢哥德建築特色的拱形迴廊與祭壇等。

舊皇宮

　　舊皇宮（Starý Královsky Palác）位於聖維特大教堂的東側，打從 12 世紀興建以來，直到 16 世紀哈布斯伯格家族統治為止，這裡一直都是波西米亞國王的宮邸。雖然最初興建時為羅馬式風格，然而隨著歷任國王的增建，如今舊皇宮融合了哥德及文藝復興等式樣。不過，舊皇宮在 16 世紀時因為一場大火而遭毀壞，許多都是後來重建的結果。

　　舊皇宮中最大的賣點是維拉提斯拉夫大廳（Vladislavský Hall），這個歷時 16 年才完成的大廳擁有非常美麗的肋拱，挑高的頂棚和寬敞的空間，自古以來就是舉行國家重大活動的場地。從昔日的騎士射箭表演到今日遴選總統，維拉提斯拉夫大廳向來都是不二之選。

維拉提斯拉夫大廳

聖喬治教堂

　　緊接著聖維特大教堂後方，是布拉格城堡中另一座重要的聖喬治教堂（Bazilika sv. Jiří）。這座布拉格第二古老的教堂以紅磚興建，歷史和聖維特大教堂相當，最初同樣落成於 10 世紀，是當地保存最好的仿羅馬式建築，但因多次破壞與重建，其巴洛克式立面為 17 世紀增建的部分。

　　聖喬治教堂內裝飾著大量美麗的溼壁畫，其中包括「聖母加冕」、「頂棚的耶路撒冷」等。另外，教堂內還設有多座禮拜堂及普傑米斯立家族陵寢。教堂旁的同名修道院是波西米亞歷史最悠久的修道院，從 1974 年開始當作國家藝廊使用，裡面展出 14 ～ 16 世紀的捷克藝術品，其中特別以宗教畫作為收藏重心。

黃金巷

　　布拉格城堡中最生氣蓬勃的地方就屬黃金巷（Zlatá ulička），在這條兩側擠滿低矮房屋的巷弄中，旅客絡繹不絕的穿梭著，除了因為一棟棟繽紛的小屋洋溢著童話般的夢幻色彩，更因為坐落其中的商家販售充滿特色的藝術商品。

　　傳聞黃金巷乃為昔日煉金術士聚集的地方而得名，不過比較可信的說法是——這裡是 16 世紀魯道夫二世皇帝的衛兵與寶石匠落腳的地方。但最值得確信的史蹟，就是該巷的 22 號是卡夫卡一度居住的地方，因此這間外

黃金小巷

牆漆上藍綠色調的小屋，成為旅客最熱門的留影地點。

　　黃金巷在 20 世紀中葉逐漸規劃為商業區，許多小店家紛紛在此聚集。不同於一般的紀念品店，這些小商店大部分都洋溢著濃厚的藝術與傳統手工氛圍，販售像是手工紙品、木製玩具、彩繪服飾等商品。

城堡其他部分

　　離開黃金巷，後方還有一座達利波塔（Daliborka）和玩具博物館（Muzeum hraček）。達利波塔屬於堡壘的一部分，

22 號的卡夫卡故居

15 世紀一度當成監獄使用；玩具博物館是小朋友和童心未泯者的天堂，裡面收藏跨越時代的各色玩具，從各類角色玩偶到木頭和機械玩具，充滿趣味。此外，在東面城堡盡頭有一處休憩平台，不遠處有一條路通往城堡前方的小庭園，庭園內裝飾著小花圃，一旁的小看台是欣賞「千塔之城」布拉格城市景觀的好地方。

Data 布拉格城堡

◎網址：https://www.hrad.cz/en
◎電話：（420）224-372-423
◎交通：搭乘地鐵 A 線在 Malostranská 站下車，步行約 15 分鐘後可抵達
◎門票：A 巡迴路線（Circuit A，含聖維特大教堂、舊皇宮、聖喬治教堂、黃金巷、達利波塔、火藥塔、羅森堡皇宮和城堡故事文物展）成人票 350 克朗、優待票 175 克朗、家庭票 700 克朗｜B 巡迴路線（Circuit B，含聖維特大教堂、舊皇宮、聖喬治教堂、黃金巷、達利波塔）成人票 250 克朗、優待票 125 克朗、家庭票 500 克朗｜C 巡迴路線（Circuit C，含聖維特大教堂、城堡畫廊）成人票 350 克朗、優待票 175 克朗、家庭票 700 克朗｜城堡故事文物展成人票 140 克朗、優待票 70 克朗、家庭票 280 克朗
◎開放時間：4 ～ 12 月，06:00 ～ 22:00｜古蹟和博物館 4 ～ 10 月，09:00 ～ 17:00；11 ～ 3 月，09:00 ～ 16:00｜庭園 4 ～ 10 月，10:00 ～ 18:00

主教宮

　　在布拉格城堡的馬提亞城門對面，有一棟美麗的白色巴洛克式建築，外觀裝飾著精緻的浮雕與鑄鐵欄杆，是昔日主教的住所——主教宮（Arcibiskupský palác）。

如果仔細比較，會發現主教宮比布拉格城堡第一中庭的建築還高，以此象徵宗教權力遠超越政治權力。不過，主教宮並未對外開放，旅客只能欣賞其外觀的優雅細節。

DaTa
主教宮
◎交通：搭乘地鐵 A 線在 Staroměstská 站下車，步行約 20 分鐘後可抵達

羅瑞塔教堂

坐落於布拉格城堡更西側的羅瑞塔教堂（Loreta），是波西米亞天主教教堂中的典型代表。西元 1626 年由 Catherine de Lobkovic 王妃下令興建，仿效義大利的同名建築，也就是所謂的「聖屋」（Santa Casa）。

羅瑞塔教堂的外觀裝飾著大量的聖人雕像，不過最引人注目的還是由 27 座鐘組成的鐘樓。這些從阿姆斯特丹訂製的鐘，至今每逢整點仍響起悠揚的樂音，高低不同的音調演奏出傳遍城堡區的「瑪莉亞之歌」。

佇立於教堂正中央的就是「聖屋」，傳說是聖母故居、且為天使加百列告知她即將生下耶穌的拿撒勒（Nazareth）之屋，由於 16 世紀聖屋受到許多朝聖者的青睞，因此開始出現許多複製品。羅瑞塔的聖屋外觀同樣裝飾著繁複的雕刻，室內的壁畫則描繪與聖母生平相關的史蹟。

至於圍繞聖屋四周的修道院，則有大大小小的禮拜堂、祭壇、告解座，以及兩座美麗的噴泉。羅瑞塔教堂本身是道地的巴洛克風格，位於聖屋的正後方，修道院的二樓是寶物室，裡面收藏全布拉格最令人驚豔的宗教珍寶，裝飾著鑽石的聖餐杯、17 世紀的奧地利小祭壇、銀絲製成的十字架、6 千顆鑽石和寶石鑲嵌成基督光芒的聖體顯供臺，以及鑲滿寶石的皇冠等。

Data

羅瑞塔教堂
◎網址：http://www.loreta.cz/domains/loreta.cz/index.php/en/
◎地址：Loretánské nám.7, 118 00 Praha 1, Hradčany
◎電話：（420）220-516-740
◎交通：搭乘地鐵 A 線在 Malostranská 站下車，再轉搭 22 號電車於 Pohařelec 站下車，
　　　　之後步行約 5 分鐘可抵達。從布拉格城堡南側大門步行前往約 5 分鐘
◎門票：成人票 150 克朗、學生票 110 克朗、家庭票 310 克朗
◎開放時間：4 ～ 10 月，09:00 ～ 17:00 ｜ 11 ～ 3 月，09:30 ～ 16:00

小城區

綿延於城堡區的南端、散布在伏爾塔瓦河畔的區域稱為「小城區」（Malá Strana）。13世紀時，普傑米斯立家族的歐塔克二世（Otakar II）國王，將這片從 8 世紀開始、因為坐落著市場而商業活動鼎盛的區域，納入布拉格的城鎮版塊中，於是廣場、教堂紛紛出現。不過卻在 15 世紀的胡斯派反抗活動、及 16 世紀的大火中遭到破壞；到了 17 ～ 18 世紀時，小城區以優雅的王公貴族府邸取代昔日受損的房舍。如今旅客總喜歡穿過查理大橋，一路前行漫步於小城區蜿蜒的巷弄中，接著沿 Nerudova 街緩緩爬上布拉格城堡。

小城廣場

小城廣場（Malostranské náměstí）是小城區的核心，在這處洋溢著巴洛克風情的廣場上，四周林立著美麗的教堂、小商店和傳統捷克餐廳或酒窖。不時穿梭而過的行人和電車帶來了熱鬧的氣氛，彷彿重現昔日市集繁盛的風情。

小城廣場的正中央聳立著一根黑死病紀念柱，上方高踞著聖三位一體的雕像。該紀念柱是 17 世紀時為祈求平息疫情而立，至於廣場本身，則是被聖尼古拉教堂（Chrám sv. Mikuláše）切割成高、低兩個區塊。

這座立面線條呈現優雅起伏的教堂，是波西米亞建築師 Christoph Dientzenhofer 的傑作，創建於 18 世紀，最後由他的兒子 Kilian Ignaz Dientzenhofer 接手完成。三座略呈橢圓形的中殿撐起高達 70 公尺圓頂，中殿拱頂彩繪著與聖尼古拉生平相關的溼壁畫，氣勢恢弘的圓頂展現神格化的聖三一。四尊巨大的雕像坐落於四根高大圓柱的底端，教堂內四周圍繞大量裝飾雕像與浮雕的壁柱，以幾可亂真的人造大理石為材質。

聖尼古拉教堂

以上這些細節讓聖尼古拉教堂被視為捷克的巴洛克式建築經典，更因 1787 年莫札特曾在此演奏管風琴而聞名，此教堂也是每年布拉格音樂節重要的舉辦場地之一。教堂旁有座鐘樓，是眺望布拉格舊城風光的絕佳角落之一。

Data
聖尼古拉教堂
◎網址：http://www.stnicholas.cz/en/
◎地址：Malostranské náměstí, Praha 1, Malá Strana
◎電話：（420）257-534-215
◎交通：搭乘地鐵 A 線在 Malostranská 站下車，步行約 10 分鐘後可抵達；或是搭乘 12、20、22 號等電車在 Malostranská náměstí 站下車
◎門票：成人票 70 克朗、學生票 50 克朗
◎開放時間：3 ～ 10 月，09:00 ～ 17:00 ｜ 11 ～ 2 月，09:00 ～ 16:00

貝特辛山

貝特辛山（Petřínské sady）是布拉格市區內最大的公園綠地，同時也是最浪漫的角落之一，無論是春夏賞花野餐、或秋冬賞景滑雪，總能看見許多到此談情說愛的戀人，或感受悠閒時光的居民，充滿了遠離塵囂的愜意。

貝特辛山的名稱原意為「岩石」，是昔日大型建築的重要採石場，旅客可以散步的方式緩緩沿著步道上山，也能搭乘纜車前往位於山上的觀景塔（Rozhledna）。19 世紀末興建的觀景塔，以法國的巴黎鐵塔為藍圖，高約 60 公尺，共由將近 300 級階梯組成。塔頂雖然風大令人心驚，不過卻擁有非常美麗的全景視野，除了小城區，就連城堡區和舊城區的風光也盡收眼底。

　　觀景塔旁有一座高4公尺的城牆，綿延了將近1.8公里，這座著名的「飢餓之牆」（Hladová zed），是14世紀時查理一世為了讓窮人不至於餓死，於是花錢聘請窮人興建而成。

觀景塔
◎網址：http://en.muzeumprahy.cz/198-the-petrin-observation-tower/
◎地址：Petřínská rozhledna, Petřínské sady 633, 118 00 Prague
◎電話：（420）221-012-944
◎交通：搭乘地鐵 A 線在 Malostranská 站下車，步行約 20 分鐘後可抵達貝特辛山；或是搭乘12、20、22號等電車在 Újezd 站下車。從 Újezd 街纜車站搭乘纜車上山，步行約 10 ～ 15 分鐘可到觀景塔
◎門票：成人票 120 克朗、學生票 65 克朗、家庭票 300 克朗
◎開放時間：4 ～ 9 月，10:00 ～ 22:00 ｜ 3 月和 10 月，10:00 ～ 20:00 ｜ 11 ～ 2 月，10:00 ～ 18:00

查理大橋

　　終日人潮熙來攘往的查理大橋（Karlův most），和布拉格城堡中的聖維特大教堂一樣、出自於建築師彼得巴勒之手。連接舊城區和小城區的查理大橋，長達 500 多公尺，是布拉格前三名必訪景點。

查理大橋與舊城區橋塔

事實上，在查理大橋出現之前，10 世紀時這裡原本以一座木橋連接兩岸，火災肆虐後，於 1170 年興建了名為朱迪斯橋（Judith Bridge）的羅馬式石橋。不過長期的洪水暴漲沖毀大橋，到了 1357 年，查理四世委任當時著名的建築師設計重建，起初名為布拉格橋（Pražský most），多年後才改為現今人們耳熟能詳的名稱，表達對查理四世的尊敬。

為了抵擋伏爾塔瓦洶湧的水流，查理大橋不但比朱迪斯橋架高了 4～5公尺，並且由 16 座巨大的橋墩撐起。此外，為了鞏固灰漿，據說工人還加入雞蛋，當時經常可見來自全波西米亞各地的馬車，載來了一車車滿滿的蛋。

查理大橋靠近小城區的底端坐落著一座羅馬式的橋塔，是昔日朱迪斯橋的遺址，此外，舊橋塔更是 17 世紀白山戰役後，被斬首的新教徒頭顱高掛示眾之處。而被列為布拉格守護神的聖約翰，因為和神聖羅馬帝國皇帝瓦茨拉夫四世起衝突，被人從查理大橋上丟進河裡。

不過，今日聖約翰卻成為裝飾查理大橋兩側的聖人雕像中最受歡迎的一尊，位於靠近舊城的第 8 尊雕像，據說觸摸其右下方浮雕會帶來好運，因此整尊雕像、特別是腳部，被摸得閃閃發亮。這些多達 30 尊左右的雕像，大多出現於 1683～1714 年之間，如今部分原作被收藏在國家博物館中。

若說查理大橋是布拉格的香榭大道一點都不為過，旅客總喜歡在這橋上走走停停，邊欣賞街頭藝人帶來的表演、逛逛手工藝品攤位、探看伏爾塔瓦河兩岸明媚的風光，甚至遠眺位於山丘上的布拉格城堡。

DATA
查理大橋
◎交通：搭乘地鐵 A 線在 Malostranská 站下車，步行約 5 分鐘後可抵達

查理大橋上的雕像

布拉格守護神聖約翰

坎帕島

從查理大橋進入小城區前，在橋底左側有一處階梯，可以通往一座名為坎帕（Na Kampě）的小島。

在這處優雅的角落裡，散布昔日貴族的府邸，島上延伸著一座以小橋連接的公園，小河圍繞四周潺潺流動，水車以緩慢的節拍轉動，一切顯得非常詩情畫意與靜謐。

白天這裡是藝術家發揮創意的園地，入夜後的坎帕島卻是動人的情調。從小橋一路走向公園，穿梭於濃密的樹蔭間，欣賞掩映其中的低矮房舍，沿途感受分外浪漫。

Data
坎帕島
◎交通：搭乘地鐵 A 線在 Malostranská 站下車，步行約 8 分鐘後可抵達

舊城區

在伏爾塔瓦河的右岸，從查理大橋朝東面和東北面延伸，舊城區（Staré Město）是布拉格最早出現的居民區之一。

大約在西元 9 世紀時，舊城區已出現市集與聚落，而後繁盛的貿易帶來富裕。1320 年舊城區獲得自治權，開始成立自己的議會，為今日舊市政廳所在的舊城廣場帶來了蓬勃發展。一棟棟華美的建築如同圍牆，團團包圍著舊城廣場，這座以古典建築為裝飾賣點的廣場，是捷克共和國首都中最精華的區域。舊城區以此為中心向外擴張，涵蓋了位於北面的猶太區。

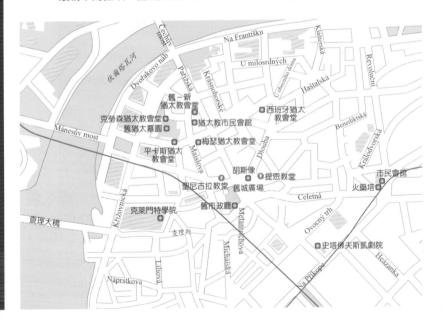

舊城廣場

　　四周都高築「圍牆」的舊城廣場（Staroměstské náměstí），是布拉格最熱鬧的區域，終日擠滿了水洩不通的遊客，尤其是氣候舒適的季節和旅遊旺季。一旁餐廳的露天座位大張旗鼓的與人搶地，使得原本就已行進不易的廣場更顯寸步難行，不過，也因為商家和街頭藝人帶來的熱絡氣氛，讓遊客忍不住四處探看、走走停停。

　　舊城廣場以一座大型青銅雕刻為中心，雕像是查理大學校長、同時也是推動宗教革命而慘遭火刑的胡斯。1915 年為了紀念這位捷克烈士的 500週年冥誕，因而請來當地著名雕刻家替他塑像。

　　和銅像沉重墨綠色調形成對比的是圍繞廣場四周色彩繽紛的建築，這一棟棟充滿童話氛圍的房舍，融合了巴洛克、洛可可、羅馬及哥德式等風格，其中包括因精緻壁畫及屋角聖母雕像而得名的「石聖母之屋」（Štorchův dům）、充滿波西米亞文藝復興風格並裝飾羔羊與牧羊女浮雕的「石羔羊之家」（Dům U Kamenného beránka）、以正面拱門兩隻金熊裝飾引人注目的「兩隻金熊之屋」（Dům U Dvou zlatých medvédů），以及因黑白雙色精細刮畫著稱的「一分鐘之屋」（Dům U Minuty）等，穿梭於舊城廣場，猶如欣賞一幅 360 度、融合各時期風格的捲軸畫。

位於舊城廣場中央的胡斯雕像

舊市政廳

　　每到整點時分左右，舊城廣場就陷入一種近乎「交通癱瘓」的狀態，特別是在舊市政廳（Staroměstská radnice）的南面，想要穿越幾乎是動彈不得。原因無他，所有人都等著欣賞大型天文鐘每個整點的報時活動。

　　舊市政廳於 14 世紀創立，因為歷經二次大戰的戰火摧殘，使得今日大部分的建築多屬近代整修後的面貌。所幸南面建築和位於南面外牆的天文鐘逃過一劫，人們得以一窺昔日的模樣及當初精密的鐘錶工藝。

　　天文鐘位於舊市政廳的高塔下方，由兩座巨大圓形鐘面組成。上方的鐘面分別以大小圓圈代表 24 小時及太陽位處的星座，大圈由兩種數字表示，外圍是舊式 24 小時的波西米亞計時方式，內圈則為 12 小時的羅馬計時數字。此外，鐘面上的藍色範圍象徵白天，反之紅色則代表晚上。位於下方的鐘面沒有指針，12 星座圖案與名稱圍繞布拉格的舊城徽章。

舊市政廳與提恩教堂

天文鐘吸引人的地方，除了精緻的鐘面與精密的報時，裝飾四周的雕像和整點現身的機械人偶才是最大的賣點。每到整點，位於上方鐘面右側的死神（手持鈴鐺的骷髏）開始鳴鐘，接著上方窗扇打開，聖保羅帶領著其他 11 名使徒紛紛現身，引起遊客騷動。除死神象徵死亡，位於上方鐘面的另外 3 尊雕像，由左到右分別是手持鏡子的「虛榮」、象徵「貪婪」的猶太人，以及代表「慾望」的土耳其人。

令人驚訝的是，15 世紀創立的天文鐘運行至今已經超過 5 個世紀，期間雖然經

大名鼎鼎的天文鐘

過鐘錶大師漢努斯（Hanuš）的整修，不過機械依舊是當時的元件。漢努斯也因為這座天文鐘而聞名，謠傳當時議員怕他製造另一座更傑出的鐘，遂將他弄瞎。天文鐘前方的地上雕刻了 27 個十字架，用來紀念 1621 年因對抗哈布斯伯格家族而被處死於舊城廣場上的 27 名捷克貴族。

除了天文鐘，舊市政廳內也開放參觀，在哥德式的小禮拜堂中，能欣賞到和現代彩繪玻璃形成強烈對比的歷史壁畫；在議會廳中可以看見布拉格歷任市長的畫像。此外，搭乘電梯登上高度將近 70 公尺的鐘樓，將可俯視這座「百塔之城」絕妙的風光。

DATA 舊市政廳
◎網址：http://www.staromestskaradnicepraha.cz/en/
◎地址：Staroměstské náměstí 1/3, Praha 1, Staré Město
◎電話：（420）775-400-052
◎交通：搭乘地鐵 A 線在 Staroměstská 站下車，步行約 8 分鐘後可抵達
◎門票：成人票 250 克朗，學生票 150 克朗，家庭票 500 克朗
◎開放時間：週一 11:00～18:00;週二～日 ,9:00～18:00｜塔樓週一～11:00～22:00;週二～
　　　　　 日 09:00～22:00（2017 年 5 月中旬至 11 月，塔樓進行整修，暫停開放。）

聖尼古拉教堂

位於舊市政廳北邊的聖尼古拉教堂（Kostel sv. Mikuláše），曾經是舊城廣場上的信仰中心，擁有潔白外觀，展現波西米亞巴洛克風格。這座建於 13 世紀的教堂原為本篤會修道院，18 世紀由知名建築師 Kilian Ignaz Dientzenhofer 重建，在 1920 年歸屬因胡斯運動創立的捷克斯洛伐克胡斯教派，至今依舊因新教信仰著稱。

經過多次修建的聖尼古拉教堂，今日的規模大致在 18 世紀時底定。教堂內裝飾著壁畫和眾多雕像的龐大圓頂，是最大的藝術特色，同時更提供了絕佳的音效，在布拉格的音樂節期間，聖尼古拉教堂總是舉辦音樂會的不二之選。

聖尼古拉教堂

聖尼古拉教堂
◎網址：http://www.svmikulas.cz/en/
◎地址：Staroměstské náměstí 1101, Praha 1, Staré
　　　Město
◎電話：（420）224-190-990
◎交通：搭乘地鐵 A 線在 Staroměstská 站下車，
　　　步行約 8 分鐘後可抵達
◎開放時間：週一～六，10:00 ～ 16:00；週日
　　　12:00 ～ 16:00

提恩教堂

　　隔著舊城廣場與舊市政廳鐘樓相互對望，是有著哥德式雙塔的提恩教堂（Kostel Matky Boží před Týnem），該建築的歷史可回溯到西元 12 世紀，是舊城廣場上最古老的「居民」。

　　教堂塔樓興建於 1270 年，兩座高達 80 公尺的尖塔直指天際，頂端裝飾著純金的圓棒。然而今日的哥德式外觀，卻是 14 世紀下半葉由查德大橋

設計者改建的成果；上方的屋頂更是晚了將近四分之三個世紀才落成。兩座塔樓之間的山形牆上，裝飾著閃閃發光的純金聖母神像。

　　提恩教堂的出現，取代了聖尼古拉教堂在舊城廣場上的宗教地位，是胡斯教派 15 ～ 17 世紀之間從事各項宗教改革的重要根據地。除了外觀的雙塔引人注目，教堂內部還有許多值得一看的地方，像是 15 世紀的美麗石造講臺、左翼的石雕騎士墳墓、巴洛克風格的祭壇，以及著名的耶穌十字架雕像等。

提恩教堂高聳的塔樓和廣場建築形成對比

　　除了教堂建築本身，提恩教堂前方另有一排相連的哥德式建築，是昔日著名的提恩學院所在地，不過如今已改建成咖啡館對外營業。在提恩教堂後方有一處中庭，原本是作為外國商人或來訪者的宿舍使用，但隨著布拉格觀光產業的發展，已經轉作餐廳、商店等商業用途。

DATA

提恩教堂
◎網址：http://www.tyn.cz/cz/
◎地址：Staroměstské nám., 110 00 Praha 1, Staré Město
◎電話：（420）222-318-186
◎交通：搭乘地鐵 A 線在 Staroměstská 站下車，步行約 8 分鐘後可抵達
◎門票：25 克朗
◎開放時間：週二～六，10:00 ～ 13:00，15:00 ～ 17:00；週日 10:00 ～ 12:00

葛茲・金斯基宮

　　葛茲・金斯基宮（Palác Golz-Kinských）位於提恩教堂旁，是棟富麗堂皇的洛可可式建築，淺粉紅色的牆面，搭配色彩鮮豔的粉飾灰泥浮雕和鮮紅的磚瓦屋頂，異常醒目。

這棟建築最初為哥德式樣，後來歷經多次易主與改建，如今成了洛可可、新古典和文藝復興建築的融合體，其身分也從豪宅轉換成今日的國立美術館分館。18 世紀為葛茲伯爵的豪宅，後被外交官金斯基買下而得名的葛茲 · 金斯基宮，在 20 世紀中葉曾是共產黨領導人發表演說的舞台。

DATA
葛茲·金斯基宮
◎網址：http://www.ngprague.cz/en/
◎地址：Staroměstské náměstí 12, 110 15 Prague 1
◎電話：（420）222-325-983
◎交通：搭乘地鐵 A 線在 Staroměstská 站下車，步行約 8 分鐘後可抵達
◎門票：各宮殿常設展成人票 150 ～ 250 克朗，學生票 80 ～ 150 克朗；另有效期 10
　　　日含 6 個宮殿常設展覽套票 500 克朗
◎開放時間：週二～日，10:00 ～ 18:00

查理街

查理街（Karlova Ulice）是連接查理大橋和舊城廣場間的主要道路，這段昔日的加冕之路上，聚集著多棟文藝復興時期的建築，如今因為大量的商店和餐廳而顯得熱鬧非凡，散步其間也別忘了欣賞許多建築立面上美麗的浮雕裝飾。

查理街靠近查理大橋的盡頭，矗立著大名鼎鼎的克萊門特學院（Klementinum），這座巴洛克風格的複合式建築，是布拉格市區中僅次於城堡的大型建築，興建於 16 世紀，曾經是耶穌會學院的所在地。當初為了對抗胡斯派的勢力，斐迪南一世引進耶穌會，並在舊克萊門特修道院的原址上興建教堂及學校等設施，後來這些全成了克萊門特學院的前身。

17 ～ 18 世紀時，克萊門特學院成為歐洲的知名學府之一，不過後來由於和教皇脫離關係，使得該學院逐漸褪卻宗教色彩。1930 年成為國家圖書館所在地，2005 年，這個藏書超過 500 萬冊的寶庫，更被聯合國教科文組織列為世界記憶（Memory of the World）項目。

DATA
克萊門特學院
◎網址：http://www.klementinum.com/index.php/en/
◎地址：Karlova 1, Mariánské nám. 5, Křižovnická 190, Praha 1
◎電話：（420）733-129-252
◎交通：搭乘地鐵 A 線在 Staroměstská 站下車，步行約 5 分鐘後可抵達
◎門票：導覽行程成人票 220 克朗，學生票 140 克朗，家庭票 500 克朗
◎開放時間：1 ～ 2 月，10:00 ～ 16:30 ｜ 3 ～ 10 月，10:00 ～ 18:00 ｜ 11 ～ 12 月，
　　　　　　10:00 ～ 17:30

市民會館

　　市民會館（Obecní dům）是捷克首都除了布拉格城堡、舊城廣場和舊市政廳外，知名度最高的景點，經常出現在布拉格電影場景中。

　　坐落於 14 世紀末到 1483 年波西米亞皇宮所在地的市民會館，因 17 世紀的一場大火燒毀了該處的建築，在 1905 ～ 1911 年間，由巴爾夏尼克（A. Balšánek）和波利夫卡（O. Polívka）兩位建築師攜手設計打造，以優雅的新藝術建築刷新該區的面貌。

　　外觀呈嫩黃色的市民會館是布拉格新藝術的代表作，其正面半圓形拱頂上裝飾著史必勒的馬賽克壁畫「向布拉格致敬」。建築內部裝潢也同樣富麗堂皇，出自慕夏、什瓦賓斯基（M Švabinský）、米斯爾貝克（J.V. Myslbek）等多位新藝術大師之手。特別是位於市民會館中央的史麥塔納廳（Smetanova Sin），覆蓋著華美的玻璃圓頂，這裡同時也是每年「布拉格之春」國際音樂節的主要表演場地。

　　此外，位於一樓的新藝術咖啡館也不容錯過，儘管該店咖啡價格或許比其他咖啡館來得高，但光燦奪目的裝潢和明亮的採光，總讓遊客忍不住流連一番。

市民會館
◎網址：http://www.obecnidum.cz/en/
◎地址：Náměstí Republiky 1090/ 5, 111 21, Praha 1, Staré Město
◎電話：（420）222-002-107
◎交通：搭乘地鐵 B 線在 Náměstí Republiky 站下車，步行約 2 分鐘可抵達
◎門票：導覽行程成人票 290 克朗，優待票 240 克朗，家庭票 500 克朗（確切導覽時
　　　　間和梯次請上官網查詢、預訂）
◎開放時間：10:00 ～ 22:00

火藥塔

　　緊鄰市民會館旁的火藥塔（Prašná brána），原本是布拉格的 13 座城門之一，1475 年以哥德式風格重建。興築初期由於屬波西米亞皇宮的一部分，因此打算大肆裝飾一番，沒想到幾年後皇室遷居布拉格城堡，這個高達 65 公尺的塔樓因而被迫喊停。

火藥塔的名稱和 17 世紀時作為火藥儲存庫有關，不過如今保留下來的建築是 19 世紀晚期以新哥德風格重建的成果。包括塔樓上的雕像和拱門都是出自 1875 ～ 1886 年的整修，和位於舊城廣場上的提恩教堂相同，尖塔的頂端和四周都裝飾著金色圓棒。

雖然火藥塔的原貌似乎隨著歷史的軌跡逐漸被抹去，所幸塔內開闢了展覽廳，展出其歷史和布拉格重要建築的歷史圖片與模型。此外，火藥塔也是欣賞布拉格城市景觀的最佳去處之一，隨著將近 190 階的樓梯爬升，所見的視野也越顯遼闊。

火藥塔
◎網址：http://en.muzeumprahy.cz/199-the-powder-tower/
◎地址：Náměstí republiky 5, Praha 1, Staré Město
◎電話：（420）725-847-875
◎交通：搭乘地鐵 B 線在 Náměstí Republiky 站下車，步行約 2 分鐘可抵達
◎門票：成人票 90 克朗，學生票 60 克朗，家庭票 250 克朗
◎開放時間：11 ～ 2 月，10:00 ～ 18:00 ｜ 3 月和 10 月，10:00 ～ 20:00 ｜ 4 ～ 9 月，
　　　　　　10:00 ～ 22:00

史塔佛夫斯凱劇院

史塔佛夫斯凱劇院（Stavovské divadlo）是布拉格的第一間劇院，又稱為艾斯特劇院（Estates Theatre），興建於 1783 年，這座新古典主義風格建築最著名的地方，在於此為莫札特歌劇《唐 · 喬凡尼》（Don Giovani）最初搬上舞台的地方。

雖然莫札特誕生於奧地利，但這位天才音樂家卻是在 1787 年初次造訪布拉格後，才真正聲名大噪，他的《費加洛婚禮》（The Marriage of Figaroa）在當地受到民眾的熱愛，使其轉而走紅於自己的國家。同年他受邀創作了《唐 · 喬凡尼》，該音樂劇至今仍風靡布拉格，無論是當地上演的木偶劇或歌劇，經常可欣賞到這齣戲。此外，描述莫札特生平故事的著名電影《阿瑪迪斯》，也是在史塔佛夫斯凱劇院取景，如今該劇院提供歌劇、芭蕾舞與戲劇等表演場地。

史塔佛夫斯凱劇院
◎網址：http://www.narodni-divadlo.cz/en
◎地址：Železná, 110 00 Praha 1, Staré Město
◎電話：（420）224-901-448
◎交通：搭乘地鐵 A 線在 Mûstek 站下車，步行約 4 分鐘後可抵達
◎門票：導覽行程成人票 200 克朗，優待票 150 克朗（確切導覽時間和梯次請上官網
　　　　查詢、預訂）

卡夫卡故居

　　以《蛻變》、《城堡》和《審判》等小說聞名國際的捷克作家卡夫卡，一生幾乎都在布拉格度過。特別是舊城廣場一帶，更是遍布他搬遷與求學的足跡，像是一分鐘之屋，就是他三位妹妹誕生時全家人的住所；金榔頭飯店（Hotel Goldhammer）的前身是他父親創業、結婚的地方；至於獨角獸之屋（Dům U Bílého Jednorozce）則是他靜默的學生時代、研讀黑格爾等哲學家著作的地方。

　　由於卡夫卡幾乎成為布拉格的最佳代言人，為了紀念這位作家的生平，特別在他出生的地方、也就是緊鄰聖尼古拉教堂旁的建築外牆上，設置了一尊真人大小的頭像雕塑，該銅像出自雕塑家 Karel Hladft 之手，位於轉角處的青銅頭像也象徵了進入猶太區的起點。

猶太區

　　布拉格猶太區的歷史幾乎和這座城市一樣悠久，早在中世紀時期，於城堡的下方就出現了第一個猶太聚落。曾經蓬勃發展的猶太社區，卻因為一直以來的宗教、哈布斯伯格家族，以及二次大戰時納粹的迫害，使得大部分猶太人出走，如今只剩下位於舊城廣場北面的猶太區，象徵著這支民族在當地的歷史。

布拉格的猶太區稱為「Josefov」，用以感念修改針對猶太人嚴苛律法的約瑟夫二世（Joseph II），這位開明的皇帝還曾經接受過猶太拉比的祝聖。儘管今日的猶太區邊界已徹底改變，仍為中歐歷史最悠久的猶太區，裡面保留了四座猶太教會堂、舊猶太墓園和猶太紀念廳（除舊－新猶太教會堂外，通稱為猶太博物館），以及猶太教市民會館。

Data　猶太區
◎交通：搭乘地鐵 A 線在 Staroměstská 站下車，步行約 5 分鐘後可抵達

舊－新猶太教會堂特殊的山牆

舊－新猶太教會堂

舊－新猶太教會堂（Staronová synagóga）不只是布拉格、更是歐洲現存最古老的猶太教會堂。由於創立之初以「新猶太教會堂」命名，之後陸續增建其他猶太教會堂，反而成為「舊」猶太教會堂，所以有了這樣的名稱。該教堂外觀非常醒目，簡潔的哥德式樣搭配紅色山形牆，其歷史可回溯到 13 世紀，至今仍是當地重要的猶太教禮拜場所。

Data　舊－新猶太教會堂
◎網址：http://www.synagogue.cz/the-old-new-synagogue-page/about-the-synagogue/
◎地址：Červená 2, 110 00 Praha 1
◎電話：（420）224-800-812
◎門票：成人票 220 克朗、學生票 140 克朗
◎開放時間：11 ～ 3 月，09:00 ～ 17:00 ｜ 4 ～ 10 月，09:00 ～ 18:00（週六和猶太假日不開放）

猶太教博物館

16 世紀末興建的梅瑟猶太教會堂（Maiselova Synagoga）屬新哥德式風格，裡面展示了波西米亞和摩拉維亞地區、從第一個猶太聚落出現開始的歷史。平卡斯猶太教會堂（Pinkasova Synagoga）的內部牆上刻滿了大約 8 萬名受納粹迫害而亡的捷克猶太人姓名。

建於 1868 年的西班牙猶太教會堂（Španělská Synagoga）洋溢著摩爾風情，粉飾灰泥外牆圖飾帶有東方情調，坐落於昔日布拉格第一座猶太教會堂的原址上。

猶太博物館中另一處令人驚訝的地方是舊猶太墓園（Starý Židovský Hřbitov），除了是目前歐洲保存最好的墓園，打從 15 世紀開始使用到 1787 年為止，在此下葬的人數多達約 12 萬人，亦為歐洲最大的猶太墓園。

為了擠進這寸土寸金的土地中，舊猶太墓園層層堆疊，據說最多可達地底下 12 層。墓碑上裝飾著許多圖案，通常象徵長眠者的職業或家族徽章，墓園旁另有一座紀念廳，用意在於向世人解說猶太教的傳統與習俗。

Data

猶太教博物館
◎網址：http://www.jewishmuseum.cz/en/info/visit/
◎地址：U Staré školy 141/1, Josefov, 110 00 Praha
◎電話：（420）222-749-211
◎門票：成人票 330 克朗，學生票 220 克朗
◎開放時間：11 ～ 3 月，09:00 ～ 16:30 ｜ 4 ～ 10 月，09:00 ～ 18:00（週六和猶太假日不開放）

高堡區

在布拉格最南端的角落、緊鄰伏爾塔瓦河的高堡區（Vyšehrad），聳立著一座綠意盎然的山丘，這裡是布拉格第一處權力中心，也是當年莉布絲公主預言布拉格城堡創立及布拉格日後榮耀的地方。莉布絲公主與農民出身的夫君攜手打造普傑米斯立王朝，其後代子孫弗拉迪斯拉夫二世（Vratislav II）於 1085 年成為首位波西米亞國王，選擇以高堡區作為王宮所在地。

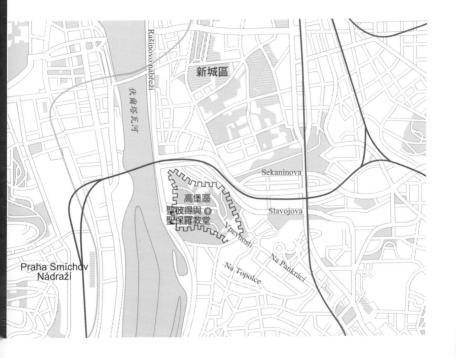

不幸的是，不久後城堡區迅速興起，取代了高堡區的地位，使得這座城堡逐漸荒廢，並於胡斯率信徒展開的一場場戰役中化為廢墟。如今高堡區成為一座公園，假日時經常可以看見當地居民到此遊玩，有時也會有販售藝術家手工作品的小型藝術市集。

聖馬丁圓形教堂

昔日的高堡城堡以羅馬風格興建，然而除了聖馬丁圓形教堂（Rotunda sv. Martina），如今只剩下部分斷垣殘壁供人追憶。建於 11 世紀末的聖馬丁圓形教堂，是布拉格現存最古老的羅馬式建築，曾作為火藥庫使用。

高堡公園

昔日城堡中唯一保存下來的羅馬式建築

高堡山丘上有一片遼闊的綠地和花園，在這裡可以看見莉布絲公主與其夫婿、以及許多和捷克神話故事有關的雕像，公園裡有許多舒適隱密的角落，非常適合閱讀和散步。其中有一處斷成三截的石柱名為「惡魔之柱」（Čertův sloup），據說和一則中世紀的故事有關，當時一位牧師和惡魔打賭，說他可以比惡魔更快將石柱從羅馬搬到此處，並向聖彼得祈求協助他贏得了賭注，於是魔鬼憤怒之下將石柱摔在山丘上遂斷成三截。

莉布絲公主及其夫婿雕像

聖彼得與聖保羅教堂

在前往公園途中或是面對平坦的公園，聖彼得與聖保羅教堂（Katedrala sv. Petra a sv. Pavel）高聳的尖塔，始終是當地最醒目的地標。

這座19世紀晚期重建的新哥德式教堂，位於昔日舊哥德教堂的遺址上，經過幾個世紀的整修與改建，擁有非常獨特的風格。除了裝飾於正門上的繁複雕刻，兩旁的側門上還有金碧輝煌的馬賽克拼貼畫，洋溢著濃厚的拜占庭風格，希臘字母 Α（alpha）與 Ω（omega）分別代表宇宙開始到生命結束。

墓園

緊鄰聖彼得與聖保羅教堂的是一座規模不大、名聲卻響亮的墓園，許多捷克、特別是布拉格的名人都選擇在此長眠，其中名為萬神殿（Slavín）的集體墓園最受矚目。

高堡墓園出現於1869年，一走進去就能看到馳名捷克詩人聶魯達（Jan Neruda）的雕像；沿小路往右走，豎立小型方尖碑且總是擺滿鮮花的墳墓，躺著享譽國際的捷克作曲家史麥唐納；不遠處有一座大型墳墓，是捷克新藝術之父慕夏、以及偉大的小提琴家庫貝利克（Jan Kubelík）的墓地。

史麥唐納墓

墓園中的迴廊

墓園景觀

城牆遺址

　　墓園的周圍有一道迴廊，迴廊中除了有雕像、還裝飾著美麗的壁畫。另一位偉大的作曲家德弗札克，以及發明「robot」這名詞的小說家 Karel Čapek 均長眠於此。另外，長留於此的還包括幾尊查理大橋上的巴洛克雕像原作，位於墓園地底下的城牆砲臺中。

城牆遺址

　　從聖彼得聖與保羅教堂繼續步行，可以看見昔日圍繞山丘的城牆遺蹟，在這面對伏爾塔瓦河的角落中，設有一座座可以賞景的露臺。或許當初莉

布絲公主正是因為如此看著這片土地的動人美景，於是說出了布拉格繁榮不歇的預言。

此外，在這座山丘的岩石上，依舊可以看見羅馬城堡的部分遺跡。

DATA

高堡區
◎網址：http://www.praha-vysehrad.cz/?l=9
◎地址：V Pevnosti 159/5b, Praha 2, 128 00
◎電話：（420）241-410-348
◎交通：搭乘地鐵 C 線在 Vyšehrad 站下車，步行約 10 分鐘後可抵達
◎門票：90 分鐘導覽行程成人票 120 克朗，優待票 90 克朗（請提早一週報名、預約）

從城牆遺址眺望布拉格城市南面的美景

新城區

　　夾在舊城和高堡之間的區域雖然稱為新城區（Nové Město），事實上也有將近六個世紀的歷史。14 世紀發跡，是中世紀歐洲最引人注目、也最古老的都市規劃之一。19 世紀時，以現代建築取代無數古老房舍，更能看出這座城市以嶄新的都市規劃擴充後的成果。

　　昔日的舊城牆拆除後，布拉格的各個區域便緊密結合。新城區以納羅德尼街（Národní）和舊城區一分為二，這條街道和護城河街（Na Příkopě）同為都市更新後出現的道路，也是今日布拉格最繁忙的商業大道。

瓦茨拉夫廣場

　　雖以廣場命名，瓦茨拉夫廣場（Václavské náměstí）事實上更像一條大道。兩旁林立的精品店、擁有露天座位的咖啡館、大飯店和旅行社等，使其昔日身為馬匹市場的熱鬧與風光依舊不減，也難怪人們總喜歡將瓦茨拉夫廣場比喻為布拉格的香榭大道。

　　這座長 750 公尺、寬 60 公尺的廣場，以波西米亞主保聖人瓦茨拉夫二世命名。廣場中央聳立的青銅騎馬雕像，展現的正是這位國王的英姿，據說他曾喚醒一批沉睡多年的大軍，並帶領他們擊退敵人、復興皇室。

　　儘管今日瓦茨拉夫廣場景象繁華，這裡卻是西元 1968 年「布拉格之春」運動中，愛國學生楊·普拉夫（Jan Palach）抗議蘇聯軍事介入憤而引火自焚的地方。紀念普拉夫的紀念碑就設立在國王雕像的前方，至今仍不時有人獻花致意。因為這起歷史事件，使得後來 1989 年發生絲絨革命時，瓦茨拉夫廣場成為捷克人民慶祝蘇聯瓦解的聚集地。

新藝術風格建築也是它的特色，其中最著名的要屬歐洲大飯店（The Grand Hotel Evropa），可說是捷克新藝術風格中的傑作，那富麗堂皇的外觀，裝飾著繁複卻和諧細節，特別是三角楣、窗戶與陽台部分最為出色。內部美麗的大廳點綴精緻的細節，也值得一看。

紀念愛國學生於「布拉格之春」活動中引火自焚的石碑

Data
瓦茨拉夫廣場
◎交通：搭乘地鐵 A、B 線在 Můstek 站下車，或搭乘地鐵 A、C 線在 Muzeum 站下車，再步行約 3 分鐘後可抵達

三大博物館

　　新城區中有三座布拉格獨具特色的博物館，對了解捷克各方面的歷史相當有幫助。

　　瓦茨拉夫廣場底端的國家博物館（Národní muzeum）1891 年創立，坐落於一棟立面長達 104 公尺的龐大新文藝復興建築中。建築中央有一尊象徵波西米亞的女性雕像，手中拿著聖瓦茨拉夫的皇冠；內部則以大量的金飾、大理石和粉飾灰泥令人印象深刻，特別是那座四周裝飾捷克歷史名人半身頭像的階梯，美輪美奂的程度更勝館內收藏。國家博物館的收藏以捷克歷代文物為主，包括文獻、照片、中世紀手稿、出土文物、工具、礦石、標本等，其中又以珠寶和寶石收藏最受遊客青睞。

DATA

國家博物館
◎網址：http://www.nm.cz/index.php?xSET=lang&xLANG=2
◎地址：Václavské náměstí 68, 115 79 Praha 1
◎電話：（420）224-497-111
◎交通：搭乘地鐵 A 或 C 線在 Muzeum 站下車即達
◎門票：成人票 200 克朗，優待票 140 克朗，家庭票 340 克朗
◎開放時間：主館於 2011 年 7 月開始進行整修，預計 2018 年 10 月重新對外開放｜
　　　　　　新館週四～二，10:00 ～ 18:00；週三 09:00 ～ 18:00

對於新藝術感興趣的人，必定不能錯過慕夏博物館（Muchovo Muzeum），這位新藝術繪畫之父、同時也是珠寶和室內設計的大師。慕夏原本是一位以宗教和史事為題材的油畫家，後來無心插柳替巴黎女演員 Bernharadt 繪製海報贏得讚賞，轉而投入新藝術的領域。在慕夏博物館中除了可以看見他的海報作品和設計草圖，還有一些出自他創作的餐具和居家擺設等。

DATA 慕夏博物館
◎網址：https://www.mucha.cz/en/
◎地址：Kaunický palác, Panská 7, 110 00 Prague 1
◎電話：（420）224-216-415
◎交通：搭乘地鐵 A 或 B 線在 Mûstek 站下車，步行約 5 分鐘後可達
◎門票：成人票 240 克朗，優待票 160 克朗，家庭票 600 克朗
◎開放時間：10:00 ～ 18:00

在新城區一棟漂亮的 18 世紀巴洛克別墅中，設有一間以德弗札克為主題的博物館，這位以《斯拉夫舞曲》著稱的抒情作曲家，出生於布拉格附近的村莊，生平創作無數。德弗札克博物館（Muzeum Antonína Dvořák）1932 年創立，分屬兩層樓的博物館中除了收藏他的生平文物與照片，還附設一座小型演奏廳，每年 4 ～ 9 月間定期舉辦音樂會。

DATA 德弗札克博物館
◎網址：http://www.nm.cz/Hlavni-strana/Visit-Us/Antonin-Dvorak-Museum.html
◎地址：Ke Karlovu 20, 120 00 Praha 2
◎電話：（420）224-923-363
◎交通：搭乘地鐵 C 線在 I. P. Pavlova 站下車，步行約 5 分鐘後可達
◎門票：成人票 50 克朗，學生票 30 克朗，家庭票 90 克朗
◎開放時間：週二～日，10:00 ～ 13:30，14:00 ～ 17:00

6天4夜 布拉格單城記

※ 部分航班為出發次日抵達布拉格，本行程以出發當天抵達為例

Day 1

臺灣機場
↓
經阿姆斯特丹、杜拜或上海等地轉機
↓
抵達布拉格瓦茨拉夫‧哈維爾機場
↓參見 p.55
飯店 check-in
↓
休息

Day 3

飯店
↓地鐵A線
猶太博物館、舊－新猶太教會堂
↓步行
巴黎大街（Pařížská ulice）（午餐、逛街）
↓步行
舊城廣場、提恩教堂、聖尼古拉教堂、舊市政廳、特色屋舍（賞景、逛街）
↓步行
市民會館、火藥塔（賞景、下午茶）
↓步行
史塔佛夫斯凱劇院（賞景）
↓步行
舊市區（晚餐、逛街）
↓步行
欣賞歌劇或古典音樂演出

Day 5

飯店 check-out
↓地鐵A線
舊城廣場周邊商圈
↓參見 p.57
前往布拉格瓦茨拉夫‧哈維爾機場
↓
飛往轉機地點（夜宿飛機上）

Day 2

飯店
↓地鐵A線
布拉格城堡（賞景）
↓步行
羅瑞塔教堂（賞景）
↓步行
小城廣場（午餐、逛街）
↓步行
聖尼古拉教堂（賞景）
↓搭乘電車到 Újezd 站轉乘纜車上山
貝特辛山觀景塔、飢餓之牆（賞景）
↓搭乘纜車下山後轉乘電車到 Malostranské náměstí 站
查理大橋（賞景）
↓步行
橋街（Mostecká ulice）**附近**（晚餐）
↓步行
查理大橋（賞夜景）
↓步行
國家木偶劇院（Národní divadlo marionet）（欣賞木偶劇）

Day 4

飯店
↓地鐵A、B或C線
國家博物館或慕夏博物館（賞景）
↓步行
瓦茨拉夫廣場、歐洲大飯店（賞景、午餐、逛街）
↓地鐵C線
聖彼得與聖保羅教堂、墓園、城牆遺址（賞景）
↓地鐵C線轉A線
舊城廣場（晚餐）

Day 6

轉機地點
↓
抵達家門

PART 6

延伸旅程

1 卡洛維瓦利

2 瑪莉安斯凱

3 庫塔那‧霍拉

4 巴德傑維契

5 庫倫諾夫

（Nina 提供）

卡洛維瓦利

14 世紀中葉，在某次的狩獵活動中，查理四世的皇家狩獵大隊為了追捕一隻受傷的小鹿，深入位於布拉格西南方的森林中，進而發現一處處天然湧泉，揭開今日捷克最著名的溫泉鄉——卡洛維瓦利（Karlovy Vary）的歷史。

卡洛維瓦利距離布拉格約 130 公里，是一座依山而建的小鎮，當初發現溫泉的查理四世大悅，便以自己的名字為泉眼命名，建立這座城鎮。卡洛維瓦利的發展到了 18 ～ 19 世紀進入巔峰，由於歐洲人對溫泉療效深信不疑，各地的名流貴族紛紛前來遊覽或療養。在奧地利的瑪莉亞泰瑞莎女皇、俄國的彼得大帝、文學家托爾斯特，以及貝多芬、莫札特等音樂家的加持下，卡洛維瓦利不但紅極一時，也奠定了在捷克溫泉界的江湖地位，至今依舊吸引無數遊客前來體驗歷史超過 600 年的溫泉況味。

布拉格每天都有多班的直達火車前往卡洛維瓦利，車程約 3 小時 13 分鐘，火車站距離市中心步行約 15 分鐘，相當方便；從布拉格的巴士中繼站搭乘巴士前往卡洛維瓦利也很方便，發車班次密集，車程約需要 2 小時 30 分鐘。

卡洛維瓦利旅遊信息中心
◎網址：https://www.karlovyvary.cz/en
◎地址：T.G. Masaryka 53, 360 01 Karlovy Vary
◎電話：（420）355-321-171
◎開放時間：週一～五，08:00～18:00；週末和假日 09:00～17:00（13:00～13:30午休）

溫泉迴廊

　　不同於其他溫泉的泡湯水療方式，捷克溫泉參觀起來特別輕鬆，無需準備泳裝、毛巾或盥洗工具，只需一個溫泉杯，便能以不溼身的方式感受各個溫泉獨具的特殊療效，讓拜訪溫泉鄉成為一種優雅穿梭於迴廊間的活動。

　　卡洛維瓦利擁有多達上百處的湧泉口，不但泉水溫度各異，就連療效也有所不同。19世紀時，為了讓前來療養的旅客能夠輕鬆取用泉水，特別設計一座座迴廊，串連起十幾處溫泉出水口，人們得以在悠閒的散步過程中逐一體驗。

　　溫泉迴廊主要分布在特普拉河（Teplá）的右岸，從北到南分別為公園迴廊（Sadová kolonáda）、磨坊迴廊（Mlýnská kolonáda）、市場迴廊（Market kolonáda），以及熱泉迴廊（Vřídelni kolonáda）。

公園迴廊

　　這座出現於1881年的溫泉迴廊緊鄰德弗札克花園，兩側的青銅圓頂涼亭之間以白色鑄鐵長廊相互連接，纖細的雕花裝飾圖案顯得異常優雅。蛇泉湧出的溫泉水為28.7℃，是當地可以直接飲用的13座溫泉之一。

蛇形出水口湧出的溫泉水可直接飲用

公園迴廊

蛇泉

磨坊迴廊

位於市中心的磨坊迴廊則展現截然不同的風格,由 124 根石柱撐起,加上入口處三角楣四周裝飾的 12 尊四季擬人雕像,更加顯得氣勢磅礴。建於 1871 ～ 1881 年間,出自設計布拉格國家劇院的建築師約瑟夫 · 季迪克(Josef Zitek)之手,而後在 1893 年時擴建成今日的文藝復興風格樣貌。在這條長達 132 公尺的迴廊中,共有 5 處溫泉出水口供民眾取用。

磨坊迴廊

市場迴廊

市場迴廊和公園迴廊同樣走精緻路線,不過它採用的是瑞士木造風格,點綴著無數星芒狀的雕飾。由維也納著名建築師 Ferdinand Fellner 和 Hermann Helmer 設計的市場迴廊,1883 年建於昔日市政廳所在地,1993 年曾進行大規模整修,如今迴廊下方共有三處溫泉出水口,其中位於描繪卡洛維瓦利發跡壁畫下方的,正是名為「查理四世」的泉眼。迴廊旁還有一座美麗的市集廣場,這座迷你廣場四周環繞著色彩繽紛的屋舍,給人一種

童話世界的感覺，沿著黑死病紀念碑後方的階梯往上走，可以前往曾旅居於此的名人故居。

市場迴廊

熱泉迴廊

　　熱泉迴廊和上述三處溫泉迴廊截然不同，充滿了現代的氛圍，同時也是最受觀光客喜愛的一座迴廊。這裡有全卡洛維瓦利溫度最高、且噴射高度直衝 12 公尺的間歇泉，在玻璃帷幕的包覆下，讓這座溫泉迴廊像極了一間大型蒸氣室。這處溫泉是除了宮堡泉外，唯一用於沐浴泡湯的泉眼，一旁設置有五座飲用出水柱，提供不同溫度的泉水。此溫泉迴廊中，還設有紀念品店及遊客服務中心。

溫泉迴廊
◎交通：各處溫泉迴廊從巴士中繼站步行前往大約各需 20 ～ 30 分鐘

熱泉迴廊

溫泉療養所

　　除了飲用溫泉水，時間比較寬裕的旅客也可以享受一場舒適的溫泉浴，在卡洛維瓦利總共有五間溫泉療養所（Lázně），分別以編號命名。所謂的溫泉療養所就是昔日的公共澡堂，目前只有 3 號溫泉療養所對外開放，位於公園迴廊和磨坊迴廊之間，是一棟外觀裝飾著淺黃色馬蹄拱的白色建築，現已

市集廣場

5 號溫泉療養所

改建為溫莎飯店（Windsor Spa Hotel），提供溫泉泡浴以及按摩、水療等服務的住宿體驗。

另外，位於最北邊的 5 號溫泉療養所，因擁有異常奢華的外觀而引人注目，1906 年興建，出自設計師法蘭茲・德洛本尼（Franz Drobny）之手，目的在於榮耀奧地利皇后伊莎貝拉。從它令人誤以為是伯爵府邸的建築樣貌，以及前方猶如皇宮花園般的美麗花圃，確實難以和溫泉療養所產生聯想。

Data
溫莎飯店
◎網址：https://windsor-carlsbad.cz/en/
◎地址：Mlýnské nábřeží 507/5, 360 01 Karlovy Vary
◎電話：（420）353-242-500

普普大飯店

位於卡洛維瓦利最南端的普普大飯店,其歷史可回溯到 1701 年,不但是當地歷史最悠久的飯店,同時也是東歐最豪華的高級飯店之一。

普普大飯店和市場迴廊出自相同的建築師之手,從一處小型社交場所到今日洋溢巴洛克風格的高級飯店,普普大飯店接待過的名人無數,像是過去的皇室成員與音樂神童莫札特,到今日為世界五大影展之一、同時也是中歐和東歐最重要的卡洛維瓦利國際影展(Karlovy Vary International Film Festival)而來的電影明星,這間飯店聲勢始終不墜。想要以經濟方式體驗的旅人,不妨到飯店附設的咖啡館優雅享用下午茶。

普普大飯店
◎網址:http://www.pupp.cz/en/
◎地址:Mírové náměstí 2, 360 01 Karlovy Vary
◎電話:(420)353-109-111
◎交通:從巴士中繼站步行前往大約需 30 分鐘

普普大飯店

新舊草地街

在熱泉迴廊和普普大飯店之間,有兩條隔著河流彼此平行的街道,都以草地街為名,位於右岸的是舊草地街(Stará Louka),在左岸的則是新草地街(Nová Louka)。有許多商店、餐廳、咖啡館聚集,是這兩條街道的特色,可以藉由小橋穿梭於兩岸之間,同時欣賞河岸風光。在舊草地街上的多處房屋,都曾留下歌德旅居的足跡。

新舊草地街隔河對望

瑪莉安斯凱

　　介於皮爾森和卡洛維瓦利之間的瑪莉安斯凱（Mariánské Lázně），是捷克的第二大溫泉鄉，自 16 世紀開始聲名大噪，直到 1808 年當地的溫泉才發展成商業用途。

　　和卡洛維瓦利同樣坐落於綠蔭盎然的谷地中，一處處相連的公園綠地間錯落著溫泉迴廊，加上四周點綴優雅的美好時代建築，使得瑪莉安斯凱這個溫泉療養地的景色更顯優美，也因此吸引名人無數。歌德在這裡遇見了此生最後的愛人；屠格涅夫（Tourgueniev）到此尋找靈感；高爾基（Maksim Gorky）在此得知列寧逝世的消息，其他像是托爾斯泰、馬克吐溫和茨威格（Zweig）等作家，都曾到此休養靜習。此外，讓瑪莉安斯凱名人榜更顯出色的還包括貝多芬、華格納、韋伯與德弗札克等音樂家，以及英國國王愛德華七世等。

　　布拉格每天有多班火車直達瑪莉安斯凱，車程約 2 小時 17 分鐘至 2 小時 54 分鐘；也可以搭乘巴士在皮爾森換車前往瑪莉安斯凱，車程總共約需 4～4.5 小時。從卡洛維瓦利搭乘火車前往瑪莉安斯凱，車程約需 1.5 小時。

DATA
瑪莉安斯凱旅遊信息中心
◎網址：https://www.marianskelazne.cz/en/
◎地址：Hlavní 47/28, Dům Chopin, 353 01 Mariánské Lázně
◎電話：（420）354-622-474
◎開放時間：09:00 ～ 19:00

溫泉迴廊

儘管瑪莉安斯凱擁有好幾處湧泉，不過卻只有一座溫泉迴廊（Kolonáda）。位於市中心的溫泉迴廊，四周環繞著景色優美的花園，使得這棟嫩黃色的建築顯得異常醒目。

以新巴洛克式風格興建的溫泉迴廊，1889 年落成，長 119 公尺、寬 12 公尺，裝飾著美麗的鑄鐵及拱頂和壁畫。迴廊中除了三座治療消化、呼吸及泌尿等功能的溫泉出水口，還有一間出售溫泉杯與紀念品的商店，一旁還附設了提供溫泉杯寄存服務的櫃檯。

此外還有兩家咖啡館和商店，旺季時還有販售新鮮出爐溫泉餅的攤位。迴廊外更有一座引人注目音樂噴泉（Zpívající fontána），5 ～ 10 月的每天上午 7 點至晚上 10 點，每逢奇數的整點時分，噴泉就會隨著音樂旋律翩然起舞，水舞表演長達 5 分鐘。在音樂噴泉南端的魯道夫溫泉（Rudolfův Pramen），水質清澈非常適合飲用，外觀是新古典風格的建築，和溫泉迴廊大異其趣。

溫泉迴廊
◎交通：從火車站搭乘巴士前往約需 20 分鐘

新古典風格的魯道夫溫泉

歌德廣場

曾經旅居瑪莉安斯凱的名人當中,最有名的莫過於歌德,因此溫泉迴廊後方的廣場就以這位大文豪命名,廣場上陷入沉思的歌德雕像,則以四周洛可可式的溫泉療養設施為背景。廣場北邊的地域博物館(Městské muzeum)是歌德的故居,裡面展出和歌德及當地歷史相關的收藏。

> Data
> 地域博物館
> ◎網址:http://www.muzeum-ml.cz
> ◎地址:Goethovo náměstí 11, 353 01 Mariánské Lázně
> ◎電話:(420)354-622-740
> ◎交通:距離溫泉迴廊步行約 3 分鐘
> ◎門票:成人票 60 克朗,優待票 30 克朗
> ◎開放時間:週二～日,09:30 ～ 17:30

新溫泉療養所

如果光是飲用溫泉水還不夠,不妨拜訪新溫泉療養所(Nové Lázně)改建而成的溫泉飯店,泡在溫暖的泉水中消除旅途的疲勞。許多歐洲旅客前往瑪莉安斯凱進行長時間的溫泉療養行程,因此當地聚集了多家高檔的溫泉療養飯店,對於短期旅行的遊客來說,新溫泉療養所提供數十種 1 小時至多天不等的療養課程,包括水中按摩、泥漿護膚及多種 Spa,由於價格合理,相當受到歡迎。

> Data
> Danubius Health Spa Resort Nové Lázn
> ◎網址:https://www.danubiushotels.com/en/our-hotels-marianske-lazne/danubius-health-spa-resort-nove-lazne
> ◎地址:Slavkovský les, Reitenbergerova 53/2, 353 01 Marienbad
> ◎電話:(420)354-644-111
> ◎交通:距離溫泉迴廊步行約 5 分鐘

庫塔那・霍拉

　　位於布拉格東南方、距離不到 70 公里的庫塔那・霍拉（Kutná Hora），是一座景色宜人的小鎮，從今日靜謐的氣氛中，很難看出這座城鎮曾經風光一時，是波西米亞第一座中央鑄幣廠的所在地。當時的國王因庫塔那・霍拉盛產銀礦而成為中歐首富，證據就是那未隨庫塔那・霍拉繁華灰飛湮滅的聖芭芭拉教堂，這座教堂和布拉格城堡中的聖維特大教堂並列世界之冠，如今已被列入世界遺產。

　　不過隨著銀礦產量下滑，以及 17 世紀時的戰火摧殘，這座一度呼風喚雨的城鎮，再度恢復平凡的身分。儘管如此，庫塔那・霍拉依舊吸引無數遊客前來，欣賞其氣勢恢弘的大教堂、滿載鑄幣廠榮光的博物館，以及位於近郊、世界上罕見的人骨教堂。

　　從布拉格搭乘直達火車前往庫塔那・霍拉，車程約 50 分鐘，也可搭乘巴士前往，車程約為 1 小時 40 分鐘。

庫塔那‧霍拉旅遊信息中心
◎網址：http://destinace.kutnahora.cz/d
◎地址：K Nádraží St. 2, 284 03 Kutná Hora - Sedlec
◎電話：（420）605-802-874
◎開放時間：4～9月，09:00～18:00　│　10～3月，09:00～17:00

帕拉斯凱赫廣場

　　帕拉斯凱赫廣場（Palackého náměstí）為庫塔那‧霍拉的市中心，四周聚集著無數商店和餐廳，不過前來此鎮的觀光客總是匆匆經過廣場、前往景點參觀，因此廣場顯得並不熱絡。廣場附近有一座興建於18世紀初的黑死病紀念碑，柱頂聳立著無垢聖母，下方則以當地的採礦工人浮雕為裝飾。

義大利宮

　　廣場南方的義大利宮（Vlašsky Dvůr）是昔日的皇家鑄幣廠，之所以有此名稱，是因為庫塔那‧霍拉盛產銀礦的14世紀，以義大利的工匠最為傑出，因此波西米亞國王聘請了多位義大利工匠前來鑄幣。

　　義大利宮如今改建為銀幣博物館，昔日的庫房變成展覽廳，收藏了各個時期國王使用的銀幣。在鑄幣業沒落的18世紀，這裡成為當地的市政廳，

會議廳是當時議會開會的地方，牆上兩幅大型壁畫述說鑄幣廠的歷史故事。由於15世紀時這裡一度成為國王的行宮，所以至今博物館內還保存一座小禮拜堂，從其富麗堂皇的模樣不難看出鑄幣廠曾有過何等的風光。繪製鍍金壁畫的哥德式拱頂，優雅的線條彷若星芒，而祭壇對面、色彩繽紛的彩繪玻璃下方，一尊聖像鎮壓著的正是鑄幣廠的保險櫃。

現打貨幣

◎網址：http://www.guideskutnahora.com/
◎地址：Havlíčkovo náměstí 552, 284 01 Kutná Hora
◎電話：（420）327-512-873
◎交通：從帕拉斯凱赫廣場步行前往約需 5 分鐘
◎門票：導覽套票成人票 105 克朗，學生票 65 克朗｜皇家鑄幣廠或皇宮導覽成人票 70 克朗，學生票 50 克朗
◎開放時間：4～9 月，09:00～18:00｜11～2 月，10:00～16:00｜3 月和 10 月，10:00～17:00

聖芭芭拉教堂小禮拜堂

聖芭芭拉教堂

另外一處彰顯庫塔那・霍拉繁華過往的是聖芭芭拉教堂（Chrám sv. Barbory），這座由無數尖塔勾勒出外型的哥德式教堂，14 世紀時為順應當地居民替礦工的主保聖人興建教堂的請願而開始興建，期間因為胡斯戰爭及當地銀礦停止開採的影響，所以直到 19 世紀末才正式完工。

飛扶臂、尖塔和尖頂給人一種建築不斷向上竄升的感受，內部的拱廊與拱窗將空間「擠」得更加瘦長，特別是頂棚，肋稜拱頂如樹枝般的開枝散葉，幻化成既像花朵、也像星星的迷人圖案。不同於一般教堂裝飾的使徒或聖經故事壁畫，聖芭芭拉教堂裡描繪礦工的工作場景，此外，石牆鑲嵌的玫瑰窗展現優雅細膩。

在教堂旁的巴爾波爾斯卡街（Barborská），矮牆上點綴著 13 座聖人雕像，這裡同時也是居高欣賞庫塔那・霍拉小鎮風光的絕佳位置。

Data

聖芭芭拉教堂

◎網址：http://www.khfarnost.cz/wordpress/?page_id=417

◎地址：Barborská, Kutná Hora - Vnitřní Město

◎電話：（420）377-515-796

◎交通：從帕拉斯凱赫廣場步行前往約需 15 分鐘

◎門票：成人票 85 克朗，學生票 65 克朗，兒童票 40 克朗

◎開放時間：1～2 月，10:00～16:00 ｜ 3 月、11～12 月，10:00～17:00 ｜ 4～10 月，
　　　　　　09:00～18:00

被列為世界遺產的聖芭芭拉教堂

從巴爾波爾斯卡街上遠眺的景觀

聖芭芭拉教堂的尖塔

人骨教堂

除了聖芭芭拉教堂，庫塔那‧霍拉近郊還有另一座教堂同樣引人注目，位於該鎮東北方的人骨教堂（Kostnice），將令人心生恐懼的遺骸變成藝術品！

人骨教堂的前身是熙篤會修道院，13 世紀時，有位傳教士將一把耶路撒冷的土撒在修道院的土地上，使得當地人們將這裡視為「聖地」，死後爭相下葬於此。14 世紀因銀礦的開採讓庫塔那‧霍拉湧入大量人口，偏偏 15 世紀時的戰爭讓當地死亡人數激增，墓園在騰不出任何空間的情況下，只得將遺骸堆疊一處，17 世紀黑死病的肆虐更是雪上加霜。

直到 19 世紀時，某位貴族買下該修道院，並聘人將當時暴增為 4 萬具的遺骨加以清洗，最後在藝術家的規劃下，誕生了今日大名鼎鼎的人骨教堂。無論是頭骨燈台、腿骨吊燈、人骨盾牌家徽……，雖讓人膽顫心驚，卻也令人驚豔。

 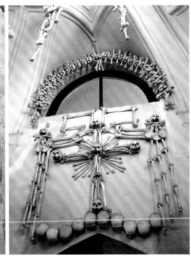

DATA

人骨教堂
◎網址：http://www.ossuary.eu/index.php/en/ossuary
◎地址：Zámecká 279, 284 03 Kutná Hora - Sedlec
◎電話：（420）326-551-049
◎交通：從帕拉斯凱赫廣場搭乘巴士前往
◎門票：成人票 90 克朗、優待票 60 克朗
◎開放時間：3 月和 10 月，09:00 ～ 17:00 ｜ 4 ～ 9 月，08:00 ～ 18:00 ｜ 11 ～ 2 月，09:00 ～ 16:00

巴德傑維契

　　直到第一次世界大戰以前，這個位於捷克南波西米亞地區的城市，依舊屬於德國的領地，因此巴德傑維契（České Budějovice）至今仍隱含著一絲絲德國風情。

　　巴德傑維契位於布拉格東南方 140 公里處，伏爾塔瓦河和馬爾塞河（Malse）在此交會，形成非常美麗的河岸風光。其優越的地理位置，讓普傑米斯立家族的歐塔克二世國王於 1265 年在此興建一座貿易城市，之後仰賴附近煤礦開發及啤酒釀造，16 世紀時巴德傑維契發展到了巔峰。儘管後來的三十年戰爭造成無比嚴重的破壞，不過 19 世紀與奧地利之間的鐵路開通，以及往後與布拉格、甚至維也納之間的蒸氣火車鐵道鋪設，再度為巴德傑維契帶來無限商機。

在捷克有兩大城市的啤酒非品嚐不可，一個是皮爾森，另一個就是巴德傑維契。許多人誤以為百威啤酒產自美國，事實上當初的配方與源頭，正是來自這座城市。

從布拉格搭乘直達火車前往巴德傑維契，車程約 2 ～ 2.5 小時，也可搭乘巴士前往，車程約需 2 小時 10 分鐘。

> **Data**
> 巴德傑維契旅遊信息中心
> ◎網址：http://www.c-budejovice.cz/en/stranky/welcome-page.aspx
> ◎地址：Přemysl Otakar II. Square 1/1, 370 92 České Budějovice
> ◎電話：（420）386-801-413
> ◎開放時間：6 ～ 9 月，週一～五 08:30 ～ 18:00，週六 08:30 ～ 17:00，週日 10:00 ～
> 　　　　　　16:00 ｜ 10 ～ 5 月，週一和週三 09:00 ～ 17:00，週二、週四和週五
> 　　　　　　09:00 ～ 16:00，週六 09:00 ～ 13:00

普傑米斯立‧歐塔克二世廣場

呈正方形的普傑米斯立‧歐塔克二世廣場（náměstí Přemysla Otakara II），素有中歐最大且幾近完美的廣場之一的美譽，四周圍繞著跨越哥德、文藝復興和巴洛克等各個時期的建築，不但是昔日巴德傑維契王公貴族的府邸，更可說是這座城市最具代表性的建築典範。

在這一片緊密相依的建築中，又以水藍色的市政廳最引人注目，出現於 18 世紀初，波西米亞的巴洛克式外觀，頂著三座綠色的洋蔥狀塔樓。在中央鐘樓下方的四尊雕像，分別象徵公平、勇氣、智慧、謹慎等美德；二樓窗櫺上方則彩繪著代表巴德傑維契、摩拉維亞及波西米亞的徽章。

廣場中央聳立著一座參森噴泉（Samsonova kašna），這位神話故事中的大力士不但掌管噴泉還身負重任，從他馴服的雄獅口中湧現的伏爾塔瓦河水，提供了昔時巴德傑維契居民的日常生活所需。

DATA 普傑米斯立・歐塔克二世廣場
◎交通：從火車站或巴士站步行前往約 10 分鐘

緊緊相鄰的黑塔與聖尼古拉教堂

DATA 黑塔
◎地址：U Černé věže 70/2, 370 01 České Budějovice
◎電話：（420）386-352-508
◎交通：從普傑米斯立・歐塔克二世廣場步行前往約 1 分鐘
◎門票：成人票 30 克朗、學生票 20 克朗
◎開放時間：4～6 月和 9～10 月，週二～日
　　　　　　10:00～18:00 ｜ 7～8 月，10:00～
　　　　　　18:00

黑塔與聖尼古拉教堂

廣場的北面有一座高塔，無論從城市中的哪個角落幾乎都能看到，可說是巴德傑維契的地標。打從 16 世紀建塔以來，高約 72 公尺的黑塔（Černá věž）就扮演著舉足輕重的角色，不但具備報時的功用，同時也是巴德傑維契的火災警戒臺。如今隨著時代的發展，黑塔失去了昔日的用途，卻成為眺望巴德傑維契舊城景觀的最佳去處。在前往瞭望臺的途中，旅客還能看到那些鑄造於 18 世紀的大鐘。

黑塔旁邊的聖尼古拉教堂（Katedrální chrám sv. Mikuláše）擁有巴洛克式外觀，是巴德傑維契當地最古老的建築之一，歷史可回溯到 14 世紀，不過今日的面貌是 17 世紀中葉一場火災後重建的結果。教堂後方原本有座墓園，18 世紀時為配合巴德傑維契的擴張計畫而拆移。

匹亞里斯廣場

　　緊鄰馬爾塞河的匹亞里斯廣場
（Piaristické náměstí），是巴德傑維契另
一處值得拜訪的地方，雖然規模不及普
傑米斯立‧歐塔克二世廣場，一旁卻
有歷史悠久的聖母教堂修道院（Klášterní
kostel obětování Panny Marie）以及造
型特殊、過去用作軍火庫兼鹽倉庫的
摩托車博物館（Jihočeské motocyklové
muzeum）。

　　13世紀下半葉開始興建的聖母教堂
修道院，直到14世紀初才落成，修道
院中的高塔對比黑塔而有了「白塔」的
暱稱。聖母教堂建築本身屬於哥德式，
內部裝飾則參雜了巴洛克式設計，其中

聖母教堂修道院

摩托車博物館（左）是匹里亞斯廣場上最特殊的建築

最值得一看的是描繪聖者修行的壁畫。修道院中的肋拱迴廊洋溢著中世紀的風情。

匹亞里斯廣場上保留了許多巴德傑維契的古老房舍，其中外表樸素、展現簡潔三角階梯狀立面的摩托車博物館相當引人注目，特別是大大小小的窗戶，給人一種後現代的感覺，讓人難以聯想其悠久的歷史。

DATA

聖母教堂修道院
◎網址：https://www.bcb.cz/Katalog/Kostely/Ceske-Budejovice-stred-Obetovani-Panny-Marie
◎地址：Piaristické nám., České Budějovice 1, 370 01 České Budějovice
◎電話：（420）606-632-817
◎交通：從普傑米斯立・歐塔克二世廣場步行前往約 3 分鐘
◎門票：30 克朗
◎開放時間：10:00 ～ 17:00

摩托車博物館
◎網址：http://www.motomuseum.cz/
◎地址：Piaristické náměstí (Malá solnice), České Budějovice 370 01
◎電話：（420）387-200-849
◎交通：從普傑米斯立・歐塔克二世廣場步行前往約 4 分鐘
◎門票：成人票 80 克朗、優待票 40 克朗
◎開放時間：3 ～ 10 月，週二～日 10:00 ～ 18:00

庫倫諾夫

　　源遠流長的伏爾塔瓦河並未專美於布拉格，繼續向南延伸的兩百多公里中，除了造福巴德傑維契，也打造庫倫諾夫（Český Krumlov）夢幻的童話景致。

　　庫倫諾夫位於巴德傑維契南方約 25 公里處，因為城內不開放外來車輛任意穿梭，也沒有推行過多現代化的改建，使得這座靜謐的城市依舊保留了中世紀的氛圍，因而被譽為捷克最優雅的城市，並於 1992 年時獲聯合國教科文組織評選為世界文化暨自然遺產。

城堡和教堂的高塔讓庫倫諾夫的景觀顯得更有層次

庫倫諾夫早在史前時代已有人煙，然而今日的名稱出現於西元 1253 年，當時掌管此地的貴族正是興建城堡的維克夫（Vitkovec）家族，領主是維提克（Vitek）。名稱原意為「河中淺灘」的庫倫諾夫，以伏爾塔瓦河為界，兩道大、小馬蹄形的河道劃分出城堡區和舊城區。

從布拉格搭乘直達火車前往庫倫諾夫，車程約 2 小時 50 分鐘；也可搭乘巴士前往，車程約 3 小時。如果從巴德傑維契搭乘巴士前往庫倫諾夫，則約需 40 分鐘。

Data
庫倫諾夫旅遊信息中心
◎網址：http://infoservis.ckrumlov.info/docs/en/kpr1045.xml
◎地址：náměstí Svornosti 2, CZ - 381 01 Český Krumlov
◎電話：（420）380-704-619
◎時間：4 ～ 5 月，09:00 ～ 18:00 ｜ 6 ～ 8 月，09:00 ～ 19:00 ｜ 9 ～ 10 月，09:00 ～ 18:00 ｜ 11 ～ 3 月，9:00 ～ 17:00

舊城廣場

隨著歷史的發展，原本不過幾百戶人家的庫倫諾夫，擴展成今日 1.5 萬人左右的規模。城鎮占地面積不大，使得稠密的房舍不得不將街道「擠」得瘦長，因此總有種穿梭狹窄巷弄的感受。

舊城廣場（náměstí Svornosti）是舊城中少數令人稍感空曠的地方，四周圍繞著歷史古宅，原本就是當地居民日常生活的中心。該廣場出現於 13 世紀，舊城的所有街道幾乎都呈放射狀或環狀向外延伸，使得這座廣場有著不規則的造型，廣場上設置了三排長椅，卻是圍成三角形。

廣場還有一座黑死病紀念碑，與其相對望的是如今部分挪作旅客服務中心和酷刑博物館使用的市政廳。這座白色的大型建築出現於 17 世紀初，立面上至今仍保留了象徵捷克、艾根伯格（Eggengerg）與史瓦森伯格（Schwarzenberg）家族的徽章，以及下方的庫倫諾夫市徽。與該建築相鄰的雙層哥德式建築及屋頂上方的瓶飾，則為 18 世紀末新增的部分。

舊城廣場上的黑死病紀念碑

> **DATA**
> 舊城廣場
> ◎交通：從火車站步行前往約 20 分鐘；從巴士站步行前往約 10 分鐘

席勒美術館

深受克林姆讚賞的奧地利分離派畫家席勒，雖因畫風和私生活備受爭議，然而這位英年早逝的畫家在世時的名氣卻屹立不搖，成為奧地利年輕一派畫家中的佼佼者。庫倫諾夫是席勒母親的故鄉，他也曾多次造訪，並將其景色納入畫中。

席勒美術館（Egon Schiele Centrum）由釀酒場改建而成，裡面收藏這位畫家多達 80 件的作品，包括他充滿情慾的裸女素描和水彩畫，以及信件與照片等相關史料，還有與他同時期的畫家作品介紹，像是對他有知遇之恩的克林姆。

席勒美術館
◎網址：http://www.schieleartcentrum.cz/en/exhibitions/1/
◎地址：Široká 71, 381 01 Český Krumlov
◎電話：（420）380-704-011
◎交通：從舊城廣場步行前往約 3 分鐘
◎門票：成人票 180 克朗，學生票 90 克朗，家庭票 420 克朗
◎開放時間：10:00 ～ 18:00

庫倫諾夫城堡

庫倫諾夫城堡（Krumlovský Zámek）是捷克繼布拉格城堡後的第二大城堡，高踞岩峰上，擁有極佳的地理位置。13 世紀時維提克國王便在此興建第一座城堡，而後歷經長達 600 年的時光，羅森伯格、哈布斯伯格、艾根伯格、史瓦森伯格等五一大貴族世家都曾是它的主人，不斷擴建的結果成為今日宏偉壯麗的模樣。城堡內層疊相連的 30 多棟建築，風格也從 16 世紀的新文藝復興式，改建成巴洛克與洛可可式。

剃鬍匠橋（Lazebnický most）連接舊城區和城堡區，進入城堡前會先經過昔日藝術家、煉金師和工匠聚集的拉特朗街（Latrán）。如今這些別具天賦的人們已消聲匿跡，獨留街道上林立的特色商店與餐廳，多少延續了某些特殊的氣氛。

在舊城區的街道中依然可以看見庫倫諾夫城堡與著名的瞭望塔

中庭

装飾著史瓦森柏格家族徽章的紅色柵欄「紅門」，是庫倫諾夫城堡的正式入口。城堡共由五座中庭串聯而成，第一中庭是昔日騎士宿舍、釀酒場、監獄、倉庫等用途的皇宮外圍建築所在地。穿過打從 18 世紀開始就飼養著熊的壕溝橋樑，便進入第二中庭的範圍，此區的堡壘和瞭望塔説明了庫倫諾夫城堡的戰略用途。16 世紀下半葉以新文藝復興風格整修的瞭望塔，如今成為庫倫諾夫的地標，無論在這座城市的哪個角落，幾乎都能看見其頂著金球的綠色蔥頂。

走廊通往城堡的上層區域，從 14 世紀開始興建、直到 19 世紀才正式落成的皇宮，是此區最重要的部分。這些圍繞著第三和第四中庭的建築，洋溢著濃厚的文藝復興風格，建築立面上裝飾的粗刻畫相當值得一看。

粗刻畫

「粗刻畫」（sgraffite）是一種專屬文藝復興時期的裝飾風格，這種藝術技巧以光滑和粗刮的灰泥層形成強烈的對比。比較常用的方式包括在粗塗灰泥層上刮除或雕刻某種裝飾圖案，或是採用不同的色彩達到以假亂真的效果，最常用於繪製建築立面上的磚塊或窗櫺。16 世紀下半葉粗刻畫發展到了頂峰，大部分庫倫諾夫的房屋幾乎都以此為裝飾。

第三和第四中庭的粗刻畫可回溯到 1670 年代，20 世紀初曾經過整修，主題呈現預言與神話場景。由於呈現二度空間的粗刻畫多以建築裝飾圖案為主，因此這裡也是少數可看見以粗刻畫展現人物形象的地方。

橋廊和第五中庭

沿著鋪石路面前往第五中庭，一路會發現景觀略有差異，原本密閉式的空間，兩旁突然開啟了一扇扇的大窗洞，因為此處其實是一座居高臨下的橋廊。這座位於三層石造地基上方的三層廊道建築，猶如於一座羅馬水道橋上方搭建另一室內通道，從其今日壯觀的模樣來看，很難想像 18 世紀末以前，這座石砌橋的前身只是一道中世紀的木頭吊橋。

沿途欣賞完庫倫諾夫的舊城美景後，便進入擁有城堡劇院的第五中庭。17 世紀興建的巴洛克式建築，裡面收藏多達 300 幅的布景及 600 多件手工戲服，無疑是當地貴族劇場文化的縮影。中庭後方是城堡花園，這片昔日的貴族狩獵場，在 17 世紀搖身一變成為巴洛克與洛可可風格的花園，引人注目的瀑布噴泉是 18 世紀中的作品，訴説海神與水精靈的傳説。

Data 庫倫諾夫城堡

◎網址：http://www.castle.ckrumlov.cz/docs/en/zamek_oinf_sthrza.xml
◎地址：Zámek čp. 59, 381 01 Český Krumlov
◎電話：（420）380-704-721
◎交通：從舊城廣場步行前往約 20 分鐘
◎門票：城堡導覽行程 （以文藝復興和巴洛克時期歷史為主）成人票 260 克朗，優待
　　　　票 180 克朗｜城堡導覽行程，（以史瓦森堡家族的歷史為主）成人票 240 克朗，
　　　　優待票 170 克朗｜劇院成人票 350 克朗，優待票 250 克朗｜博物館成人票 100
　　　　克朗，優待票 70 克朗｜瞭望塔成人票 50 克朗，優待票 40 克朗｜馬廐成人票
　　　　60 克朗，優待票 40 克朗
◎開放時間：城堡導覽行程① 6 ～ 8 月，週二～日 09:00 ～ 17:00 ｜ 4 ～ 5 月和 9 ～ 10
　　　　　　月，週二～日 09:00 ～ 16:00
　　　　　　城堡導覽行程② 6 ～ 8 月，週二～日 09:00 ～ 17:00 ｜ 5 月，週二～日
　　　　　　09:00 ～ 16:00 ｜ 9 ～ 10 月，週六～日 09:00 ～ 16:00
　　　　　　劇院 5 ～ 10 月，週二～日 10:00 ～ 15:00
　　　　　　博物館 4 ～ 5 月和 9 ～ 10 月，09:00 ～ 16:00 ｜ 6 ～ 8 月，09:00 ～ 17:00 ｜
　　　　　　11 ～ 3 月，週二～日 09:00 ～ 15:00
　　　　　　瞭望塔 4 ～ 5 月和 9 ～ 10 月，09:00 ～ 16:15 ｜ 6 ～ 8 月，09:00 ～ 17:15 ｜
　　　　　　11 ～ 3 月，週二～日 09:00 ～ 15:15
　　　　　　馬廐 7 ～ 8 月，週二～日 10:00 ～ 16:00
　　　　　　花園 5 ～ 9 月，08:00 ～ 19:00 ｜ 4 月和 10 月，08:00 ～ 17:00

7天5夜 布拉格與溫泉鄉之旅

採用「布拉格單城記」（參見 p.123）前三天行程，將布拉格的遊玩重心放在最精華的城堡區、小城區及舊城區。之後離開布拉格到西波西米亞的知名溫泉鄉進行兩天旅程，最後再回到布拉格。如果住宿地點合意的話，返回布拉格時不妨再下榻同一處，如此一來可將行李箱寄放在飯店，即使前往溫泉區旅行，只要攜帶簡單換洗衣物和輕便行李。重回布拉格時想更換飯店的人，也可以將大件行李寄放在車站的上鎖寄物櫃中。

Day 4

飯店 check-out
↓地鐵
布拉格火車站或巴士站
↓搭乘巴士或火車
卡洛維瓦利
↓從巴士站步行或從火車站搭乘計程車前往市中心
飯店 check-in
↓步行
市中心（午餐）
↓步行
溫泉迴廊（賞景）
↓步行
新舊草地街、普普大飯店（逛街、下午茶）
↓步行
溫泉飯店或溫泉療養所（按摩或 Spa）
↓步行
市中心（晚餐）

Day 5

飯店 check-out
↓步行到巴士站或搭乘計程車到火車站
卡洛維瓦利火車站或巴士站
↓搭乘火車
瑪莉安斯凱
↓搭乘巴士前往溫泉區
溫泉迴廊、音樂噴泉（賞景、午餐）
↓步行
魯道夫溫泉（賞景）
↓步行
歌德廣場、地域博物館
↓搭乘巴士前往火車站或巴士站
瑪莉安斯凱火車站或巴士站
↓搭乘火車或巴士
布拉格
↓
飯店 check-in
↓
休息

Day 6

飯店 check-out
↓地鐵 A、B 或 C 線
瓦茨拉夫廣場、國家博物館（賞景、午餐）
↓參見 p.57
前往布拉格瓦茨拉夫‧哈維爾機場
↓
飛往轉機地點（夜宿飛機上）

Day 7

轉機地點
↓
抵達家門

PART 7

享樂
布拉格

（Nina 提供）

美食

　　隨著世界各地的觀光客大量湧入，在布拉格不但幾乎可以嚐遍各國美食，許多國際性連鎖速食店或餐飲業者也大舉入侵，讓「吃」在布拉格充滿了多樣的選擇性。即便如此，來到與臺灣、甚至亞洲大異其趣的東歐環境，自然得找機會嚐嚐當地的傳統料理，體驗一下捷克的飲食文化。

　　與亞洲較為精緻的烹調方式相比，「大塊吃肉、大口飲酒」成為捷克飲食哲學的最佳詮釋，主菜可見魚、牛、雞、豬等各色肉類，副食則多搭配麵糰餅或馬鈴薯泥。由於口味上和臺灣沒有太大的差異，因此對臺灣遊客來說接受度頗高，唯獨食物的調味較鹹，是讓人吃不消的地方，不過對於喜歡喝啤酒的人來說，倒不失為絕配。

牛排

　　牛排是捷克當地常見的菜色，幾乎都是厚塊牛肉，通常內部較生、略帶血，但保留了肉汁的水分。美味的牛排僅以單純的香煎方式料理，除了鹽巴之外不加任何佐料，因此在當地的餐廳很難看見可以自行另加的牛排醬料。

烤鴨

　　捷克著名的傳統菜，將整隻鴨子撒上迷迭香等香料後，放進烤箱裡烘烤便可上桌。通常一隻鴨子可供兩人食用，有時也會以鴨腿的方式供應。

烤鴨（Pečená kachna）一般會搭配醃菜及麵糰餅（knedlíky），麵糰餅多以馬鈴薯或麵粉為材料，揉捏成圓形後蒸熟即可食用，不過由於沒什麼味道，當地人通常會拿來沾取醬汁後食用。

烤豬肉

烤豬肉（Pečená vepřové）也是捷克的典型傳統菜餚，同樣將豬肉以烘烤的方式料理。部分比較講究的餐廳會在豬肉中間塞點香料或豆子、洋蔥，增加食物的味道。

除了搭配麵糰餅之外，烤豬肉通常還有酸白菜，有時廚師還會加點創意，將麵糰餅揉成圓球狀並油炸過，豐富配菜的變化。

炸排骨

因為鄰近維也納，再加上曾經受到哈布斯柏格家族的統治，使得當地特殊的炸排骨料理（Vídeňský řízek a bramborák），也成為捷克的地方特色菜之一。

炸排骨可以選擇牛肉或豬肉，將肉片敲打到非常薄之後，裹上麵粉油炸，就完成了這道香酥美味的食物。吃的時候淋上現擠的檸檬汁，能讓炸排骨的滋味更加清爽。

德國豬腳

同樣因為地利之便，在捷克當地也可以吃到相當道地的德國豬腳。這道分量十足的料理，最適合幾個朋友一同享用，烤至酥脆的豬腳皮嚐起來香Q有勁，一點也不油膩，和滑嫩的豬腳肉形成不同的口感，如果能搭配啤酒一起下肚，更是充分體現捷克「大塊吃肉、大口喝酒」的飲食哲學。

魚料理

　　捷克擁有許多不受汙染的河流與溶洞，清冽的水質盛產相當美味的在地魚類。由於這些魚類天生肉質鮮美，無論是香烤、蒸煮或油炸等方式，只需簡單的料理，就能創造出一道道佳餚。點餐時不妨注意菜單上是否有提供當地的魚料理。

啤酒

　　捷克各地擁有大大小小的啤酒廠，不過其中最著名的要屬百威啤酒的原產地巴德傑維契與釀酒歷史悠久的皮爾森了。巴德傑維契從中世紀開始釀造淡啤酒，其特色是發酵後會放置一段時間待啤酒熟成，口味特別芳香。皮爾森雖然擁有同樣悠久的釀酒歷史，不過真正聲名大噪卻是在 19 世紀中從德國引進技術和釀酒師後，口味較重的皮爾森啤酒又以黑啤酒最有名。

溫泉餅

　　溫泉餅是捷克的特色甜點之一，盛產於卡洛維瓦利和瑪莉安斯凱兩大著名溫泉鄉，因為相當受歡迎，幾乎在全國各地都能買到，甚至布拉格的超級市場也有。不過想吃到最道地且新鮮的溫泉餅，當然還是得跑一趟溫泉鄉，在上述兩座城鎮可找到現作的攤位，品嚐剛出爐的熱呼呼口感。

蘋果派

　　蘋果派（Jablečný strúdl）是捷克最常見的甜點，幾乎在所有的餐廳裡都能看到。酥脆的餅皮中夾著蘋果切片，蘋果泥中混雜濃郁的肉

桂香氣，還有餅皮上篩撒的糖粉，吃起來酸酸甜甜的口味，正好平衡了肉類主菜的厚重口感。

雞蛋薄餅

雞蛋薄餅（palačinky）是捷克的另一項國民甜點，以雞蛋為主要材料，煎成薄薄的餅皮後，依個人喜好加上鮮奶油、巧克力、果醬或水果等各種配料享用，是一道非常簡單的點心。

Info

美食相關單字

早餐	snídaněě	沙拉	salát	蛋	vejce
午餐	oběd	鴨	kachna	乳酪	sýr
晚餐	večeře	雞	kuře	奶油	krém
麵包	chléb	牛肉	hovězíí	咖啡	Káva
麵糰餅	knedlíky	魚	ryby	茶	čaj
米飯	rýže	鹽	sůl	牛奶	mléko
蔬菜	zelenina	糖	cukr	啤酒	pivo

餐廳推薦

Lvi Dvůr

位於布拉格城堡後方優美的昔日皇家花園中，該餐廳提供傳統的捷克菜餚，其中又以烤豬肉最有名。常客不乏當地知名人士，包括前總統哈維爾。天氣晴朗時另設有露天座位。

Data

Lvi Dvůr
◎網址：https://www.facebook.com/LviDvurPrague/
◎地址：U Prašného mostu 6/51, 118 00 Prague
◎電話：（420）224-372-361
◎營業時間：11:00 ～ 23:00

U Fleků

坐落在一棟 15 世紀末的修道院建築中，這間捷克最古老的啤酒屋之一，洋溢著昔日歐洲客棧的氣氛。這裡是品嚐捷克傳統料理的好去處，還提供美味的啤酒及歌舞表演，因此成為當地最受歡迎的餐廳之一。

Data

U Fleků
◎網址：http://en.ufleku.cz/
◎地址：Křemencova 11 Praha 1
◎電話：（420）224-934-019
◎營業時間：10:00 ～ 23:00

U Kalicha

同樣提供捷克傳統菜餚，然而這間餐廳卻和前面兩家有著截然不同的風格。U Kalicha 更像酒吧，牆壁四周留下各國名人簽名，由於是《好兵帥克》作者過去經常拜訪的地方，因此該餐廳也以帥哥為標誌。

DATA
U Kalicha
◎網址：http://www.ukalicha.cz/
　　　 shop/?lang=EN
◎地址：Na Bojišti 12-14, Praha 2
◎電話：（420）224-912-557
◎營業時間：11:00 ～ 23:00

U Mecenaše

這家布拉格最古老的餐廳之一，歷史可回溯到 16 世紀，至今依舊保留著昔日的風情。位於小城區，提供融合捷克傳統料理的國際菜色，其中又以沙朗牛排和波西米亞烤鴨最有名，合理的價格成為當地人經常前往用餐的地方。

DATA
U Mecenaše
◎網址：http://www.umecenase.cz/
◎地址：Malostranské náměstí
　　　 10 118 00 Praha 1
◎電話：（420）257-531-631
◎營業時間：12:00 ～ 23:30

U Tři Pštrosů

在查理大橋旁通往城堡區彼端，這間大名鼎鼎的餐廳「三隻駝鳥」坐落於一棟 16 世紀末的房舍中，據說查理四世曾在此監看大橋的興建工程。1714 年美國人 Deodat Ramajan 在此創立波西米亞第一間咖啡館，1976 年經過重建，U Tři Pštrosů 成為一間附設同名餐廳的旅館，無數傳奇讓這間餐廳往往一位難求。

DATA
U Tři Pštrosů
◎網址：http://www.utripstrosu.cz/en/
◎地址：Dražického náměstí 12 110
　　　 00 Praha 1
◎電話：（420）257-288-888
◎營業時間：11:00 ～ 23:00

Pivo & Basilico

在小城區的溫馨餐廳，面積不大，但每逢用餐時間總是人很多。除了義大利麵、披薩、沙拉外，也提供牛排、羊腿、豬排和鴨胸等主菜。

DATA
Pivo & Basilico
◎網址：http://www.pivobasilico.cz/
　　　 en/Default
◎地址：Zámecká 2 Praha 1 - Malá
　　　 Strana 110 00
◎電話：（420）257-533-207
◎營業時間：10:00 ～ 23:00

購物

出國旅遊購買紀念品絕對是不可或缺的，一方面可為旅程增加樂趣，也能在日後回憶當時的點滴。

在捷克有哪些特產值得一買呢？盛行木偶劇的布拉格到處可看見販售木偶的店家與攤販，在溫泉鄉卡洛維瓦利絕對不能錯過溫泉杯和溫泉酒。另外，喜歡水晶玻璃或居家用品的人，更是一定要拜訪生產捷克國寶級波西米亞水晶的摩瑟水晶；熱愛香氛及保養產品的人，如果不到菠丹妮採購一番肯定會後悔。其他像是街頭巷尾的市集，或個性商店中買到的藝術家手工藝品，更是旅途中迷人的意外收穫。

溫泉杯

想在卡洛維瓦利和瑪莉安斯凱優雅的穿梭長廊間邊啜飲溫泉水，溫泉杯絕對是必備的工具。這種外觀看來和一般杯子沒有兩樣的溫泉杯，其實暗藏著玄機，雖然有著大大的杯口，但這純粹只作為從溫泉出水口接水之用，真正的飲水口位於握把頂端的小洞，避免人們一時疏忽大口飲用而被燙傷的危險，因此飲水口呈現圓扁狀。

溫泉杯的花色多變且非常漂亮，即使離開捷克，也可以當作非常棒的紀念品收藏。

溫泉酒

　　Becherovka 是卡洛維瓦利著名的溫泉酒，以發明者 Jan Becher 醫師命名，這位醫師在 18 世紀時提倡飲用溫泉水治癒疾病的療效，因而使得卡洛維瓦利聲名大噪。Becherovka 採用了流傳 200 多年的配方，綠色瓶身、黃色商標的設計，成為卡洛維瓦利的特殊伴手禮之一，嚐起來口味相當濃厚，有一種類似草藥酒的口感，如今更開發出多種口味。

木偶和木頭製品

　　木偶戲傳入歐洲後，16 世紀開始成為捷克熱門的娛樂活動，這項熱潮保留至今，成為當地特色。特別是在布拉格，幾乎大街小巷都可以看到販售木偶的商店與攤販；在查理大橋或舊城廣場等熱門景點，更是經常可見表演木偶戲的街頭藝人。到布拉格沒有欣賞木偶劇是一大損失，此外，木偶是當地非常受歡迎的紀念品。

　　如果覺得木偶的價格過於昂貴或是不好攜帶，不妨前往露天市

集或藝術家的小店，會發現不少有趣的木頭製品，通常以可愛的天使或人物造型出現，有的可吊掛於門把或窗戶，有的可當成裝飾品擺設，充滿了趣味。

陶器與飾品

陶器也是捷克經常可見的手工藝品，特別是在一些小城鎮，可以看見店家掛滿了各式各樣的陶壺、陶杯或造型小物。這些作品沒有複雜的裝飾，反而給人一種質

樸卻溫暖的感覺，洋溢濃厚的手作風。

此外，有些假日市集中也能發現藝術家創作的小飾品，這些小東西有著多變的造型與用途，讓人愛不釋手。

宗教節日裝飾

捷克是個信仰虔誠的國家，每逢復活節或聖誕節等重大宗教節日，街頭巷尾的店家或臨時市集總會販售相關的節慶裝飾品，像是顏色繽紛的彩蛋、各種造型的花環，甚至玉米葉編製的天使……，琳瑯滿目，讓不是教徒的遊客也瘋狂選購。

有機保養品

強調全部產品皆為 100% 純天然有機的菠丹妮（Botanicus），是捷克保養產品中的第一品牌，其江湖地位等同法國的歐舒丹，再加上當地購買的價格大約只有臺灣的二分之一，因此成為遊客前往捷克掃購的店家之一。

誕生於布拉格的菠丹妮，其名稱在拉丁文中原意為「植物」，由此不難看出其產品的訴求。這個自家擁有約 240 公頃有機花園的品牌，不但以傳承超過 600年的歐洲中古世紀製造技術、培養與萃取最天然的植物精華，其產品更通過 KEZ 歐盟有機產品認證為 A 級的評等，不但將植物精華完整封存，同時溫和不傷人體。在一系列的產品中以有機天然手工皂最出名，包括死海泥、玫瑰小黃瓜、乳香沒藥等選擇眾多，其他像是護手霜、沐浴乳和洗髮精等，也深受消費者的歡迎。

波西米亞水晶

許多人往往難以分辨波西米亞水晶和天然水晶兩者的差異，事實上波西米亞水晶並非真的水晶，而是一種質地較堅硬且細緻的玻璃，其含矽的比例和一般玻璃成分略有不同，是一種介於水晶和玻璃之間的物質，所以又稱為水晶玻璃。

玻璃製造技術於西元 9 世紀傳入捷克，不過真正讓波西米亞水晶展現自身獨特魅力卻是到了 17 世紀，當地人改進燒製及切割技術後，才在光線下折射出閃閃光輝。

如今波西米亞水晶早已跳脫日常居家生活用品的窠臼，化身為一件件動人藝術品，無論是杯、、碟、花瓶或擺設，都結合了大量的藝術與繪畫

元素。不過波西米亞水晶仍屬易碎品，所以購買時請記得要求店員妥善包裝，搬運途中也得多加小心。

摩瑟水晶

　　西元 1857 年 Ludwig Moser 在卡洛維瓦利創立摩瑟水晶（Moser）的雕刻工作坊與銷售點，替這個捷克國寶級水晶品牌打下至今屹立不搖的基礎。

　　歷經一個半世紀的考驗，摩瑟水晶精緻的作工與優雅的設計，先後獲得各國皇室、甚至教宗的青睞，替他們打造了獨一無二的餐具及器皿，因此有皇室御用品牌的封號。

　　如今摩瑟水晶位於卡洛維瓦利近郊的工廠旁附設一間水晶玻璃博物館（Moser Glass Museum），裡面展示這個百年品牌一路以來的歷史與傑作，其中收藏超過 2 千件的水晶工藝品，說明其輝煌的成就。對於水晶玻璃製作有興趣的人，也可以跟隨固定的導覽團進入工廠參觀，一探波西米亞水晶的奧祕。

Data
摩瑟水晶玻璃博物館
◎網址：http://www.moser-glass.com/en/
◎地址：Kpt. Jaroše 46/19, 360 06 Karlovy Vary
◎電話：（420）353-416-542
◎門票：導覽行程成人票 80 克朗，優待票 50 克朗，家庭票 180 克朗
◎開放時間：09:00 ～ 17:00（部分日期公休，請逕至官網查詢）

PART 8

生活
便利通

1 實用資訊

2 緊急應變

3 簡單捷克語

（Nina 提供）

實用資訊

撥打電話

隨著手機的使用率普及，布拉格市內的公共電話已越來越少見，不過仍然可以在各地鐵站、郵局、市中心廣場一帶發現。公共電話分成投幣和插卡式兩種，電話卡可以在旅客服務中心、書報攤或郵局購買。基本上幾乎所有的公共電話都可以撥打國際電話。

手機漫遊

若在臺灣使用中華電信、臺灣大哥大、遠傳等電信公司的門號，不需要另外申請，即可以原機、原號於捷克漫遊，但必須注意的是漫遊費用相當昂貴，於當地漫遊撥打國際電話，每分鐘通話費可能高達臺幣 105 元，另外漫遊受話每分鐘費用約為臺幣 55 元左右。

如何撥號

從臺灣撥打電話到捷克

台灣國際冠碼 002 或其他電信代碼 ＋ 捷克國碼 420 ＋ 電話號碼

例如布拉格電話號碼 123-456-789，則撥打 002-420-123-456-789。

從捷克撥打電話到臺灣

| 捷克國際冠碼 00 | + | 台灣國碼 886 | + | 區域碼 去 0 手機號碼 去 0 | + | 電話號碼 |

例如臺北電話（02）1234-5678，則撥打 00-886-2-1234-5678。

在捷克當地撥打電話

　　捷克目前已經將區域碼整合在電話號碼中，因此無論是從布拉格撥打當地電話，或是從布拉格撥打至卡洛維瓦利，甚至是從臺灣撥打電話到布拉格，都必須撥打完整的 9 位數電話號碼。

網路

　　捷克的網路服務越來越普及，除飯店外、部分餐廳也提供網路服務。目前臺灣有不少電信公司提供海外 4G 行動網路分享器，費用每天約臺幣 90 ～ 210 元，另外也可以在臺灣或捷克當地購買上網 SIM 卡，或是直接使用臺灣電信公司的國際漫遊服務。

藥局

　　於捷克的藥局（lékárna）購買藥品，除了一般維他命或簡單成藥，否則大都需要處方箋，因此建議最好在臺灣先備齊所需藥物。如果真的遇到無法自行解決的突發狀況，還是得上醫院求診。

郵政

　　捷克的郵局營業時間為週一～五 7:00 ～ 19:00，以及週六 8:00 ～ 12:00，可以寄送明信片、信件及包裹。從捷克寄明信片回臺灣，郵資費用為 30 克朗，此外 50 公克以下的郵寄信件，郵資也是 30 克朗，郵寄時間大約 1 ～ 2 週。

　　如果只是想寄信或明信片，可前往販售香菸的攤販或部分書報攤購買郵票，有些紀念品專賣

data

捷克郵政
◎網址：https://www.ceskaposta.cz/en/index

店也提供代售郵票服務，然後自行尋找街上的郵筒投寄即可。另外，某些較大型的旅館或飯店也有代寄服務，直接交付郵資後請對方投遞，不過飯店的代寄郵資可能會略高。

商店營業時間

布拉格一般商店的營業時間通常在 10:00 ～ 19:00 左右，不過某些位於鬧區或熱門景點附近的店家，則可能延長營業時間為 10:00 ～ 20:00。在布拉格以外的店家，通常只有平日 10:00 ～ 19:00 營業，週六多數只營業到中午，週日經常休假。

小費

捷克一般的餐廳都會視人數收取服務費（table charge），每人大約 30 ～ 50 克朗不等，帳單費用中通常不包括小費，因此在比較高級的餐廳用餐、或是認為對方服務不錯時，不妨另給 10% 的小費。或是將用餐費補足為整數，多出的部分當作小費；有些店家也可能會將零錢視為小費而不找零。

公共廁所

捷克當地的公共廁所需要付費使用，每次收費大約 5 ～ 8 克朗不等。廁所的捷克語為 záchod，男廁 pánsky、女廁 dámsky。

寄物櫃

捷克的火車站通常設有寄物櫃，如果打算以火車為主要交通工具、轉換城市旅行，每個地方又只待上一晚或甚至不過夜，不妨妥善利用這項設施。尤其是某些火車站遠離市中心，因此只需隨身攜帶當天使用的東西，其他放在寄物櫃中，等離開時再領取即可。不過必須注意的是貴重物品最好還是隨身攜帶。

緊急應變

遺失護照

　　若是不幸遺失護照，首先前往當地警察局報案，請對方開立失竊或遺失證明，之後到駐捷克臺北經濟文化代表處（參見 p.18）申請補發。通常補發正式護照需要 1 ～ 2 週的時間，趕時間的人不妨先申請回國用的臨時護照，約需 2 ～ 3 天的時間，但臨時護照無法前往其他國家。

遺失機票

　　由於目前大多使用電子機票，因此遺失機票的情況幾乎不會發生。如果是遺失電子機票的存根，到時只需持護照前往機場，並不影響訂位及搭機。

　　若遺失的是實體機票，則同樣必須前往當地警察局報案。有機票影本的人在取得遺失證明、前往航空公司辦理掛失及補發手續後，繳交手續費即能取得補發機票。至於沒有機票影本的人，必須重新購買一張機票，填寫機票掛失申請單、申請購票費用，若在機票遺失 6 個月後未被盜用，則可申請退費。

遺失信用卡和旅行支票

　　遺失信用卡得先聯絡發卡銀行申請掛失；遺失旅行支票則聯絡發票銀行（旅行支票購買合約書上會記載公司全球聯絡電話及掛失和補發的程序），然後攜帶失竊證明、護照和購票副本前往發票銀行申請補發，約需 1 ～ 3 個工作天。

簡單捷克語

一般會話

早安	dobré ráno	是	ano	謝謝	děkuji
日安	dobrý den	不是	ne	不客氣	není zač
晚安	dobrý večer	麻煩你	prosím	對不起	promiňte
再見	na shledanou	請再説一次		Prosím, zopakujte to

日期

星期一	pondělí	星期五	pátek	昨天	včera
星期二	úterý	星期六	sobota	今天	dnes
星期三	středa	星期日	neděle	明天	zítra
星期四	čtvrtek				

觀光

…在哪裡？	Kterým směrem se nachází…？
售票處在哪裡？	Kde se prodávají jízdenky？
這裡可以拍照嗎？	Může se zde fotografovat？
哪一輛是往…的巴士？	Který autobus Jede do…？
下一班往…的巴士幾點出發？	V kolik hodin jede příští autobus do…？
請給我～張到…的車票	～ jízdenky do…, prosím
多少錢？	Kolik to stojí？

餐廳

請給我菜單	jídelní lístek, prosím
請給我礦泉水	přineste mi minerálku
請給我帳單	platit, prosím

住宿

你叫什麼名字？	Jak se jmenujete ?
我的名字是……	Jmenuji se……
今晚有空房嗎？	Máte na dnes volný pokoj ?
一張床的房間	jednolůžkový pokoj
兩張床的房間	dvoulůžkový pokoj
包含浴室	a koupelnou
包含服務費	včetně spropitného
住一天	na jeden den
住兩天	na dva dny
每晚多少錢？	Kolik stojí ubytování na jednu noc ?
請 7 點叫我	vzbuďte mne v sedm hodin
鑰匙	kliče

數字

1	jeden	6	šest	20	dvacet	200	dvěste
2	dva	7	sedm	100	sto	300	třista
3	tři	8	osm	500	pětset	400	čtyřista
4	čtyři	9	devět	1000	tisíc		
5	pět	10	deset				

實用單字和片語

入口	vchod	左	vlevo	占用	obsazeno
出口	východ	右	vpravo	保留	zadáno
開放	otevřeno	上	vrch	禁止進入	vstup zakázán
關閉	zavřeno	下	spodek	禁止吸菸	kouření zakázáno

國家圖書館出版品預行編目資料

布拉格自助超簡單 ／ 彭欣喬 文.攝影. -- 二版.
-- 臺北市：華成圖書，2017.10
　面；　公分. --（GO簡單系列；G0326）
ISBN 978-986-192-309-3(平裝)

1.自助旅行 2.捷克布拉格

744.3799　　　　　　　　　　　106014190

GO簡單系列　G0326

布拉格自助超簡單（全新修訂版）

作　　者／彭欣喬

出版發行／（華杏出版機構）

　華成圖書出版股份有限公司
　www.far-reaching.com.tw
　11493台北市內湖區洲子街72號5樓（愛丁堡科技中心）
　戶　　名　　華成圖書出版股份有限公司
　郵政劃撥　　19590886
　e-mail　　huacheng@email.farseeing.com.tw
　電　　話　　02-27975050
　傳　　真　　02-87972007
　華杏網址　　www.farseeing.com.tw
　e-mail　　fars@ms6.hinet.net
　華成創辦人　　郭麗群
　發 行 人　　蕭聿雯
　總 經 理　　蕭紹宏
　法律顧問　　蕭雄淋‧陳淑貞

　主　　編　　王國華
　責任編輯　　蔡明娟
　美術設計　　陳秋霞
　印務主任　　何麗英

定　　價／以封底定價為準
出版印刷／2010年5月初版1刷
　　　　　2017年10月二版1刷

總經銷／知己圖書股份有限公司
　台中市工業區30路1號　　電話 04-23595819　　傳真 04-23597123

☺ 讀 者 回 函 卡

謝謝您購買此書，為了加強對讀者的服務，請詳細填寫本回函卡，寄回給我們（免貼郵票）或E-mail至huacheng@email.farseeing.com.tw給予建議，您即可不定期收到本公司的出版訊息！

您所購買的書名/＿＿＿＿＿＿＿＿＿＿＿＿＿　購買書店名/＿＿＿＿＿＿＿＿＿＿＿

您的姓名/＿＿＿＿＿＿＿＿＿＿＿＿＿＿　聯絡電話/＿＿＿＿＿＿＿＿＿＿＿

您的性別/□男　□女　　　您的生日/西元＿＿＿＿＿年＿＿月＿＿日

您的通訊地址/□□□□□＿＿＿＿＿＿＿＿＿＿＿＿＿＿＿＿＿＿＿＿＿＿

您的電子郵件信箱/＿＿＿＿＿＿＿＿＿＿＿＿＿＿＿＿＿＿＿＿＿＿＿＿＿

您的職業/□學生　□軍公教　□金融　□服務　□資訊　□製造　□自由　□傳播
　　　　　□農漁牧　□家管　□退休　□其他

您的學歷/□國中（含以下）　□高中（職）　□大學（大專）　□研究所（含以上）

您從何處得知本書訊息/（可複選）

□書店　□網路　□報紙　□雜誌　□電視　□廣播　□他人推薦　□其他

您經常的購書習慣/（可複選）

□書店購買　□網路購書　□傳真訂購　□郵政劃撥　□其他＿＿＿＿＿＿＿＿＿

您覺得本書價格/□合理　□偏高　□便宜

您對本書的評價（請填代號/ 1. 非常滿意 2. 滿意 3. 尚可 4. 不滿意 5. 非常不滿意）

封面設計＿＿＿＿　版面編排＿＿＿＿　書名＿＿＿＿　內容＿＿＿＿　文筆＿＿＿＿

您對於讀完本書後感到/□收穫很大　□有點小收穫　□沒有收穫

您會推薦本書給別人嗎/□會　□不會　□不一定

您希望閱讀到什麼類型的書籍/＿＿＿＿＿＿＿＿＿＿＿＿＿＿＿＿＿＿＿＿＿＿

您對本書及我們的建議/

廣 告 回 信
台 北 郵 局 登 記 證
台北廣字第000526號
免 貼 郵 票

華杏出版機構

華成圖書出版股份有限公司　收

11493 台北市內湖區洲子街72號5樓（愛丁堡科技中心）
TEL/02-27975050

（沿線剪下）

（對折黏貼後，即可直接郵寄）

😊 本公司為求提升品質特別設計這份「讀者回函卡」，懇請惠予意見，幫助我們更上一層樓。感謝您的支持與愛護！

www.far-reaching.com.tw　　　請將 G0326 「讀者回函卡」寄回或傳真 (02) 8797-2007